自治体民営化のゆくえ

のゆくえ

公共サービスの変質と再生

尾林芳匡 著

自治体研究社

はしがき

　私は弁護士として、自治体で働くみなさんの全国的なネットワークに関係して、相談や法律解釈の検討などの仕事をしてきました。地方自治体の公共サービスの民営化を進める新しい法律が次々とつくられたため、20年間近く、自治体民営化に関する法律をめぐる解釈の検討や法律相談の仕事をしてきたことになります。

　また、自治体民営化が広がるにつれて、住民のみなさんからの相談も増えてきました。保育や学童保育など、地方自治体の公共サービスの利用者であり、公共サービスを充実させる住民運動などに取り組むみなさんから、民営化にともなうさまざまな問題が声として寄せられるようになりました。

　自治体民営化は、それぞれの自治体の主人公である住民のみなさんにとっての深刻な問題をはらんでいます。自治体民営化が住民のみなさんにとってどのような問題なのかを、広く住民に問いかけていく努力を、呼びかけてきました。

　世界に目を向けると、長年にわたり民営化の弊害の調査が行われ、再公営化する動きが広がっていることもわかってきました。

　わが国でも、自治体の民営化の中でおきているさまざまな問題を考えて、再公営化された例もありますし、民営化される前に、住民運動の力や選挙の審判によって食い止める経験も生まれています。本書ではとくに、自治体民営化による公共サービスの変質を指摘するだけでなく、再生への努力を紹介するように努めました。

　本書は、『新　自治体民営化と公共サービスの質』（自治体研究社、

2008 年）の後継の書です。最新の動きと事例を盛り込んだ本書が、自治体民営化の動きを危惧し、住民の福祉を充実する豊かな地方自治体をつくろうと努力されている方々のために、お役に立てば幸いです。

　2020 年 1 月　　　　　　　　　　　　　　　　　　　　　著者

自治体民営化のゆくえ
―公共サービスの変質と再生―

［目次］

I

自治体民営化を進める法制度

1 自治体民営化を進める法制度のあらまし

(1) 立法の経過

　1990年代の終わりから地方自治体で公共サービスの民営化・アウトソーシングを進めるための新しい法制度ができました。私がこの15年あまり研究の対象とした法律の作られてきた歴史を振り返ります（図表Ⅰ-1参照）。

　1999年にできたのがPFI法です。公共施設等の建設や維持管理等について、民間の資金やノウハウを活用するもので、正式には「民間資金等の活用による公共施設等の整備等の促進に関する法律」といいます。

　2002年に構造改革特別区域法ができました。地方自治体等の申請を内閣が認定することにより、地域を限定して法令上の規制を緩和する制度で、担い手についての規制を緩和することで自治体民営化に利用できるものです。数次にわたり法改正が行われています。

　2003年には地方自治法の一部改正により、公の施設の指定管理者制度ができました。住民の福祉を増進する目的で利用に供するための公の施設として、市民会館、保育所、老健施設、都市公園等がありますが、これらについて、営利企業を含む団体を管理者として指定できることになりました。

　2003年に地方独立行政法人法ができました。地方自治体の事業と組織を地方自治体から独立した行政法人に分離し、資産の出資や交付金により運営していこうとする制度です。公立大学、公立病院や試験研究機関について実例がでてきています。一定以上の大きな規模の組織が想定されるため、設立するのは都道府県や政令指定都市が中心です。

　2006年には市場化テスト法ができました。地方自治体等の事務・事

図表Ⅰ-1　民営化にかかわる法の動き

1999 年	PFI 法
2002 年	構造改革特別区域法
2003 年	公の施設の指定管理者（地方自治法改正）　地方独立行政法人法
2006 年	市場化テスト法
2009 年	公共サービス基本法　野田市公契約条例
2011 年	東日本大震災　総合特別区域法　PFI 法改正
2013 年	国家戦略特別区域法　PFI 法改正
2015 年	PFI 法改正
2017 年	地方独立行政法人法改正
2018 年	PFI 法改正　水道法改正

出所：著者作成。

業について、そのままサービスを続けるのか民間企業に任せるのかを
競争入札で決める手続きについての法律です。

　2009 年には公共サービス基本法ができました。公共サービスが国民
生活の基盤となるものであることから、公共サービスの基本理念や国
などの責務、公共サービスに関する施策の基本となる事項を定め、住
民が安心して暮らすことのできる社会の実現に寄与するというもので
す。同じ年に千葉県野田市で、全国で初めての公契約条例ができまし
た。地方自治体の事業を受託した業者に雇用される労働者に対し、地
方自治体が指定した賃金の支払いを確保させようとするものです。そ
の後、公契約条例はいくつかの地方自治体に広がっています。2009 年
のこうした制度は、自治体民営化をひたすら進めようというものでは
なく、民営化にともなう弊害に一定の手当をし、修正しようという性
格を持っています。

　2011 年には東日本大震災を機に「総合特別区域法」ができ、PFI 法
が改正されました。2013 年に「国家戦略特別区域法」が制定され、そ
の後数回改正されています。2015 年にも PFI 法改正、2017 には地方
独立行政法人法改正で窓口業務を地方独立行政法人ができるようにな

りました。

そして 2018 年にまた PFI 法がさらに改正され、水道法の一部改正もされています。

(2)　制度の相互関係

これらの制度の全体像を理解するために、制度の相互関係を、オリジナルな**図表 I−2** にしてみました。

①憲法と地方自治法の予定する地方自治体

憲法や地方自治法で想定されている、本来あるべき地方自治体の姿が一番左の列です。地方自治体が県や市区町村という独自の法人格を持ち、地方自治体として事業を営み、地方自治体として施設を建設・所有・管理し、地方自治体として地方公務員・職員として任用します。

②営利企業にまかされた姿

3 列目は、営利企業に任された姿はどういうものかを示しています。法人格としては、地方自治体の他に、営利企業である株式会社が必ず参入してきます。株式会社は独自に会社法という法律があり、営利を目的とする社団法人と決められています。必ず利益をあげ、株主に利益配当をすることになります。

営利企業にまかされる事業について「規制緩和・特区」とあります。分野ごとの規制緩和として、たとえば保育は、かつては地方自治体もしくは非営利の社会福祉法人でなければ営むことができないという規制がありましたが、2000 年に厚生省（当時、現・厚労省）が通達を出し、株式会社であっても保育園経営が認められました。

事業の規制緩和は分野ごとだけではなく、地域ごとにも行われてきており、これが「特区」です。たとえば、横浜市でバイオマスター特区がありましたが、これは高度な美容整形を横浜市内だけは法規制を緩和したものです。加計学園の問題で、特定の地域で獣医学部を作れ

図表I-2　制度相互の関係

地方自治体	地方独立行政法人	営利企業	NPO
法人格	別法人	会　社	NPO法人
事　業	移　行	（規制緩和・特区）	
施設建設		PFI	
施設所有	出　資	（PFI）	
施設管理		指定管理者	
職　員	移　行	非正規・派遣等	ボランテイア

➡ ➡ ➡ ➡ ➡市場化テスト➡ ➡ ➡ ➡ ➡ ➡ ➡ ➡ ➡廃止

出所：著者作成。

るということが話題となり、国家戦略特区が有名になりました。

　施設の建設や所有を営利企業にまかせる制度がPFIで、施設の管理を営利企業にまかせるのが公の施設の指定管理者制度です。

　営利企業に地方自治体の公共サービスがまかせられるとき、職員はどうなるでしょうか。多くの場合、公共サービスの現場の担い手は非正規・派遣に置き換えられています。

③地方独立行政法人は本来の地方自治体と営利化との中間形態

　本来の地方自治体の姿と営利企業にまかされた姿の中間形態が地方独立行政法人です。半分は営利企業的な考え方や活動に傾斜しているといえます。地方独立行政法人は、地方議会の議決によって作られます。地方自治体とは別の法人格となります。公立大学が地方独立行政法人化されますと、公立大学法人○○、となり、病院が地方独立行政法人化されると、地方独立行政法人○○県立病院機構、などの形で別の法人格となります。事業は地方自治体から地方独立行政法人に移行します。施設は、通常は地方自治体が地方独立行政法人に出資する形で、地方自治体から地方独立行政法人に所有権が移転し、その旨の不動産所有権移転登記も行われます。

職員は、原則として地方自治体から地方独立行政法人に移行すると法律には定められています。公務員の身分は、行政行為による任用といわれ、民間の労働契約とは全く別の性質のものであると、わが国の行政法では長年にわたり整理をされてきました。ところが地方独立行政法人への移行では、公務員が民間の地方独立行政法人との労働契約の当事者になるとされることになります。これまでは公法と私法上の労働契約関係とは異なるものと整理されてきました。たとえば、非正規で１年間の任用できた公務員の方が雇止めされたときに、民間の労働契約、有期契約であれば、反復更新された労働契約は期限の定めのない労働契約とみなされます。ところが公務員の場合、何年、反復更新され長期間、非正規職として続いていても、期限の定めのない公務員にならないという裁判例が確立しています。ところが地方独立行政法人法は、公法関係と私法関係の間の移行を可能にした法制度となっています。

　このように本来の地方自治体の姿と営利企業に任された姿の中間形態として、半分だけ営利企業的な発想に傾斜しているのが地方独立行政法人です。

④本来の姿から遠いNPO・ボランテイア

　本来の地方自治体の姿からもっとも遠い右端に、「NPO・ボランティア」とあります。たとえば「放課後子ども教室」という学校の空き教室で子どもを預かる事業は、３時間預かっていても1080円程度の手当でした。これでは１時間あたり360円にしかならず、最低賃金法に触れるので、どんな悪徳企業もやりません。しかし、地方自治体が行政文書の中で、「地域にはNPO、ボランティアなど多様な主体」がある、これからの時代は「官と民とのパートナーシップ」が重要な時代……と書くことで、NPOやボランティアに、公共サービスの大切な部分を、最低賃金をはるかに下回る賃金水準でまかせることが広がってい

ます。住民の善意やボランテイア、NPO の活動は貴重ですが、行政の側が、本来負うべき事業や賃金支払いの責任をあいまいにして、NPO やボランティアにまかせることが、「PPP」（パブリック・プライベート・パートナーシップ）の名のもとで行われることに、注意を喚起していただきたいのです。

⑤競争入札の形で民営化を進める「市場化テスト」

　制度の相互関係の図の下の枠外に「市場化テスト」があります。「市場化テスト」はしばしば官民の競争入札手続きを決めたと紹介されます。しかし実際は、ほぼ確実に営利企業が仕事をとり、地方自治体の仕事はなくなっていきます。地方自治体の側の情報は人件費も含めてすべて情報公開されているのに対して、民間企業の側は、「企業秘密」として人件費などは決して情報公開しないからです。

　トランプの「ババ抜き」で、一人のプレイヤーだけは相手の手札をのぞいていい、もう一人のプレイヤーは相手の手札をのぞいてはいてはいけない、という不平等なルールにするとどうなるでしょう。相手の手札の情報公開を受けられる側は、相手の手札をよく見て、ババを引かないようにプレーを続け、相手の手札の情報公開を受けられない側は、いつかババをつかんでしまう。情報公開を義務づけられている行政側と、企業秘密として公開の義務のない民間側との競争入札というのは、この不平等なルールの「ババ抜き」とそっくりです。

　公共施設の管理者を公共部門と民間企業が争うとします。民間企業の側はそれまでに情報公開されているすべての行政情報を把握したうえで、サービスは今まで通りにやります、あるいは営業時間を延長していままでよりもサービスをよくします、経費を半分にします、という入札をすればよいのです。なぜ経費を半分にできるかは一切公開しません。どんな労働条件で人を雇用するかも情報公開しません。こうして民間が入札すれば、行政の側が「これからもがんばりたいです」

と入札しても、サービスの内容も人件費もすべて情報公開されている以上、必ず民間の側は、民間の方がよりよいサービスでコストが半分の入札ができます。必ず民間企業が競争に勝つことになります。

　私の作成した制度の相互関係の図で、「市場化テスト」が枠の下の方の欄外にあり、その周りに小さな矢印がたくさん書いてありますが、矢印（➡）はすべて、地方自治体や地方独立行政法人から出発して、営利企業や廃止の側に、一方通行で矢印が流れるようにしています。一方通行であるというところで、官民の競争入札という形をとりながら、実は一方的に官から民へ、地方自治体から営利企業へ、廃止へと、公共サービスを流していくのだということを表現しています。

(3)　自治体民営化の経済的な特徴

　制度の相互関係の図では、公共サービスが営利企業にまかされると、担い手が非正規や派遣になるとしています。それがなぜなのかを説明するのが「経済的な特徴」の**図表Ⅰ−3**です。

　左側が行政の担当する場合の経費の内訳を示しており、「物的経費」と「人的経費」の他には経費はかかりません。地方自治体は、利益を上げて利益配当する必要がありませんし、事業の収入から役員報酬を支払う必要もないからです。

　矢印に従って右側が、民営化されたときの経費の図です。

　①まず行政が直接担当していては高くつくとして民営化が推進されますので、全体の大きさが、右側は左側より小さくなっています。

　②次に、下の段の「物的経費」は、左側の行政が担当する場合と右側の民営化された場合とを比べても、ほとんど変わりません。公共施設の蛍光灯などは、地方自治体でも民間企業でも、市場価格で調達するしかありませんので、「物的経費」はほとんど安くなりません。

　③そして、右側の民営化された場合の上の段には「利益」とありま

図表Ⅰ-3　経済的な特徴

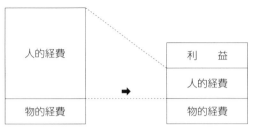

出所：著者作成。

す。会社は営利を目的とする社団法人で、必ず利益を確保し、株主に利益配当します。民営化されると必ず、担当する民間事業者は利益を確保していくことになります。

　④その結果、左側の行政が担当する場合と、右側の民営化された場合とを比較すると、民営化により、全体のコストが小さくなり、物的経費はほとんど変わらないが、利益配当を確保しなければならない、必然的に、人的経費は行政が担当する場合と比べて3分の1程度に圧縮されることになります。

　わが国における地方自治体の公共サービスの民営化の経済的な特徴は、現場の担い手を非正規・派遣におきかえることにより、民間事業者が利益を得ようとするものです。

(4)　「自治体民営化」という理解のしかた

　私は地方自治体の「民営化」という用語を、英語でいう「privatisa-tion」の意味で使っています。民間事業者が営業主体になる場合のみではないので、「民間化」の用語が適切だという考えもあります。担当事業者が公的団体の場合も共通の問題があるので「外部化」や「アウトソーシング」の用語が適切だという考えもあります。しかし「民営化」の用語は、公務・公共の現場が民間事業者の営利的な営業の舞台

とされていくという経済学的な理解をする立場からは、もっともなじむと考えて、この用語を使っています。

　自治体民営化を進めるための多くの法制があったことを、とくに1999年から今日までの流れのあらましをみました。現象としてはさまざまな事例がそれぞれの法律の適用として展開していきます。しかし、それぞれの法律について詳細に条文を知らなければ議論ができないということはありません。一つひとつの法制度について詳細な知識をたくわえていくことよりも、「自治体民営化」の本質的な問題を理解して、公共サービスの質や担い手にどのような影響があるかを考えていくことに、大きな意味があります。

　ここまでの、制度の相互関係と、経済的な特徴を理解していただければ、住民運動でも、自治体職場の労使交渉でも、地方議会における議論でも、おおよそ自治体民営化をめぐる議論はこなしていける、というのが私の持論です。

2　「公共サービス」を考える視点

(1)　「公共サービス基本法」

　自治体民営化を進める法制度が次々とつくられていく時代に、公共サービスへの悪影響に歯止めをかけようとする法律として、公共サービス基本法についてふれます。

　この法律は、公共サービスは「国民生活の基盤」として「基本理念」を定め、国などの「責務を明らかにする」こと、公共サービスに関する施策の推進を通し、国民が安心して暮らすことのできる社会の実現に寄与することを目的とします（1条）。「公共サービス」とは、国民が日常生活及び社会生活を円滑に営むために必要な基本的な需要を満たすべき事務・事業です（2条）。

公共サービスの基本理念は次のものです（3条）。①安全かつ良質な公共サービスが、確実、効率的かつ適正に実施されること。②社会経済情勢の変化に伴い多様化する国民の需要に的確に対応するものであること。③公共サービスについて国民の自主的かつ合理的な選択の機会が確保されること。④公共サービスに関する必要な情報及び学習の機会が国民に提供されるとともに、国民の意見が公共サービスの実施等に反映されること。⑤公共サービスの実施により苦情または紛争が生じた場合には、適切かつ迅速に処理され、または解決されること。

　国や地方自治体は、それぞれの役割をふまえて、公共サービスに関する施策の策定、実施をする責務を負います（4、5条）。公共サービスの実施に従事する者は、国民の立場に立ち、責任を自覚し、誇りを持って誠実に職務を遂行する責務を有するとされます（6条）。

　公共サービスを民間委託する場合について、役割の分担や責任の所在を明確化します（8条）。公共サービスに関する情報は、適時かつ適切な方法で公表し、広く国民の意見を求め、不断の見直しをします（9条）。公共サービスの実施に関し利益を享受する国民の立場に立ったものとなるよう配慮し（10条）、従事する者の適正な労働条件の確保その他の労働環境の整備に関し必要な施策を講ずるよう努めます（11条）。

　この法律は、基本理念を示したにとどまるものですが、自治体民営化のさまざまな問題に対処する上での基本的な考え方を示すものとして、意義があります。

(2)　公共サービスの質を考える視点

　公共サービスは、社会福祉、教育、労働者保護など、社会権保障を中心とする人権保障のために獲得されてきたものです。国と地方自治体の責任による質の高い公共サービスの充実は、経済力の格差を緩和

して人々の実質的な意味での平等を保障することになるものです。公務員は全体の奉仕者であるとされますが、公共サービスに従事する公務員は、全体の奉仕者として、社会的弱者についても社会権保障が実現するように努める責任があります。公務員は、「お金持ちへの奉仕者」や「権力者への奉仕者」ではありません。

　「官から民へ」論あるいは「小さな政府」論は、行政を縮小し、公務員を減らすことを通して、実は、社会権の保障そのものを後退・低下させるもので、行政としての社会的弱者に奉仕する機能を低下させるものです。

　自治体民営化がさらに進んでいけば，すでに実感されてきている「社会的格差」は、さらに拡大していくでしょう。

　公共サービスの質と公共性の内容と基準は、最近生じている問題の検証もふまえ、それぞれの公共サービスの分野ごとに、専門家の知見や幅広い国民の意見を集めて具体的に示されるべきものです。多様な公共サービスに共通する視点としては、次のような視点が欠かせません。

①専門性・科学性

　公共サービスの基準の中には、国民住民の安全を保障するための専門的・科学的な英知が盛り込まれています。

　各省庁が専門的領域として持っている各法律の基本的な原則や規制というのは、その時点で、国民代表が審議して国会制定法とし、あるいは各省庁が法規や通達として確立した産物です。その意味で、人類の知恵、科学が一定程度凝縮した結果として、このような基準があります。たとえば社会福祉施設に職員は利用者何人あたり何人必要か、利用者一人あたりどの程度の床面積が必要か、建築物の強度はどれだけ必要か、といった数字も、施設に給食施設が必要かという基準も、このようなものです。それはさまざまな事情で不十分な点があったとし

ても、国民の安全で豊かな生活の一応の基準であったはずです。

　ところがこの基準について専門的科学的知見を結集し、国民的議論をして変えていくのではなく、こうした基準が曖昧にされ、経費の削減や民間事業者のビジネス拡大のために民営化を進めたり、競争入札で勝てば基準を守らなくてよいこととされてしまうことは、非常に大きな問題です。

②人権保障と法令遵守

　公共サービスは、国民住民の基本的人権の保障を担うものであり、法令を遵守して行われなければなりません。また公共サービスは法令を遵守して行われるべきものですし、法令の遵守に対する国民住民の信頼を維持することも重要です。

　したがって公共サービスを担おうとする事業者については、過去の事故歴・不法行為歴・違法行為歴が開示され、十分に審査されるべきですし、問題があれば公共サービスの担い手とされるべきではありません。労働基準法や労働者派遣法、その他労働関係法令違反、労働組合法上の不当労働行為の認定、公正取引委員会の勧告などの法令違反のあった事業者も、公共サービスの担い手としてはふさわしくないでしょう。

③実質的平等性

　公共サービスは、所得や費用負担能力の格差によらず、実質的な意味で平等に保障されるべきものです。

　保育でも、施設床面積、給食施設などの質を落とした上で、費用負担により保育に格差を設けようとする動きが強まっていますが、公的責任によって一定の基準や質を保つ保育園を増やしていくことが望まれます。

　スポーツ施設としては商業施設もありますが、それでも公の施設としてのプールや体育館が存在するのは、経済力が乏しくても利用が保

障されるべきだからです。

　保険診療は一定の医療を平等に実現しようとするものですが、自由診療との混合診療は、費用の負担能力の差異により受けられる治療に格差が生じることになります。また公立病院の経営問題が議論されますが、公立病院が存在するのは、地域的に採算性が乏しくても必要な専門医療・高度医療や入院施設が必要であるからです。公立病院の維持と充実は、居住する地域の経済状況による医療格差を是正し、健康な生活のために医療を実質的に平等に保障するために必要なことです。

④民主性

　公共サービスは、国民住民の意思が反映され、議会が監視してサービスの質を高めるために関与するべきものです。

　主権者の意思を反映させる前提が、公共サービスについての情報が公開されることです。行政機関の情報公開は相当程度進んできましたが、公共サービスを担おうとする民間事業者についての情報の開示は進んでいません。とくに社会福祉や保育では従事者の労働条件や経験年数はサービスの質を左右する重要な要素ですが、こうした条件についても企業秘密であるとして情報公開を拒む民間事業者が少なくありません。

　公共サービスの質については、住民の意思を直接反映する議会が審議し改善する仕組みが必要です。これまでも民間委託について議会で議論となり住民運動が起きる事例も多数ありましたが、民営化が進めば進むほど、行政担当者の体制が縮小され、監督や指導が困難になり、結局議会を通じて国民住民の意見を反映させることも困難になることが懸念されます。

　一連の特区法により地域限定の規制緩和のメニューが追加されるなどしてきましたが、議会で審議したことが簡単に変更されることは、法治主義や法律に基づく行政という大原則にも反するものです。

⑤安定性

　公共サービスは長期間にわたり安定的に行われなければなりません。ところが、民間委託を受けた事業者やPFI事業者が、撤退したり経営破たんしたり廃業したりする例が多発しています。民間事業者には経営リスクがつきものですし、リスクをとって挑戦することもあり、このようなリスクによる経営破たんの対応や補填を国や地方自治体が負担することは、結局国民住民の負担となります。

　公共サービスを担当する民間事業者が、数年の期間で交代することは、公共サービスが、長期間にわたり安定的に、一貫した方針のもとに積み重ねられていく上で、支障がでるでしょう。

3　政府が推進する自治体民営化

(1)　「経済財政運営と改革の基本方針」

　政府は毎年、「経済財政運営と改革の基本方針」(「骨太方針」)を閣議決定し、この中で、自治体民営化を進める種々の施策を示してきました。この内容に沿って、補助金の交付方針なども作成されています。

　たとえば、2018年6月15日付け閣議決定「経済財政運営と改革の基本方針2018〜少子高齢化の克服による持続的な成長経路の実現〜」(骨太方針2018)では、「港湾、空港、道路、上下水道などのインフラ管理においても、民間活力(PPP/PFI等)や技術革新の徹底活用を図り、設置・メンテナンスコストの劇的な改善とインフラの質の抜本的な向上が実現する」などとして、依然として、自治体民営化を礼賛し推進する方針に変わりはありません。

(2) 「自治体戦略 2040 構想研究会報告」も自治体の民営化と機能縮小を
　　提言

　総務省「自治体戦略 2040 構想研究会」は、「人口減少下において満足
度の高い人生と人間を尊重する社会をどう構築するか」と称して、第
1次・第2次報告を公表しました（第1次 2018 年 4 月 26 日、第2次
2018 年 7 月 3 日）。

　その内容は、要するに、人口が減少する以上、従来の地方自治体や
サービスは維持できない、とするものです。

　ア　個別分野の課題

個別分野の課題としては、次のような点をあげます。

①子育て・教育＝児童生徒数の減少による小規模校や廃校の増加、地
　方私立大学の経営悪化、地方圏の高等教育機会の喪失

②医療・介護＝東京圏の医療介護ニーズの高まりと介護人材の需給
　ギャップ

③インフラ・公共交通＝老朽化と料金上昇、公共交通の経営悪化と
　廃止路線増

④空間管理・防災＝都市に空き地、空き家の穴があく「スポンジ化」、
　中山間地の集落機能の維持の困難、首都圏での災害時避難者収容
　力の不足

⑤労働力＝労働力不足、就職氷河期世代の就労と所得の不足

⑥産業・テクノロジー＝地方サービス産業の労働集約性と低生産性、
　AI 等との共存

　イ　自治体行政についての新たな考え方

「2040 構想」は、自治体行政についても、次のような点をあげます。

①スマート自治体への転換（AI、ロボティクス、情報システム標準
　化・共通化）

②公共私によるくらしの維持（プラットフォームビルダーへ、シェ

アリングエコノミー、地域を基盤とした新たな法人）

③圏域マネジメントと二層制の柔軟化（市町村の機能の補完）

④東京圏のプラットフォーム（医療介護体制、避難体制、職住近接
拠点構築）

ウ 「2040 構想」の特徴と問題点

以上のような「2040 構想」は、地方自治体の行政全般と個別の公共
サービスにわたり、大きな改変をもたらそうとする構想であり、これ
からの政策の方向性を示すものとして、注意が必要です。

これまでも「行政改革指針」、「市町村合併」、「自治体民営化」、「コ
ンパクトシティ」など、地方自治体をめぐるさまざまな方針が打ち出
され、いくつかは実行されてきました。「2040 構想」で示されている
内容は、こうした従来から進められてきた政策を、「2040 構想」とい
うラップで覆い、さらに強力に推進しようとするものです。

自治体民営化との関係では、「地方行政改革」と新自由主義的「構造
改革」の延長線上であり、「集大成」です。人口減少を理由に、個々の
地方自治体による公共サービスの供給を縮小し、地域の任意団体にま
かせたり、あるいは地方自治体の機能を削減して「フルセット」でな
い自治体にしたりします。広域化したり、都道府県が補完することで
足らせようとする内容も含まれています。ますます自治体の公共サー
ビスの民営化と縮小に拍車をかけようとするものといえます。

4 自民党憲法草案にみる福祉国家の変質

自治体民営化を進める政策は、日本国憲法の予定する公共サービス
のあり方からかけ離れたものです。こうした考え方は、自民党の「日
本国憲法改正草案」（2012 年）にもみられ、そこでは憲法の福祉国家
の考え方そのものを変更しようとしています。いくつかの点について

みてみましょう。

（1）　9条を変え、新自由主義的国づくりを目指す前文

　草案前文は「日本国民は、国と郷土を誇りと気概をもって自ら守り、基本的人権を尊重するとともに、和を尊び、家族や社会全体が互いに助け合って国家を形成する」としています。この「自ら守る」という点は、9条を変えて自衛隊を軍隊にして海外で参戦することと連動して草案の一つの大きな柱です。

　もう一つの大きな柱が、「家族や社会全体が互いに助け合って国家を形成する」としている点です。現行憲法前文は「そもそも国政は、国民の厳粛な信託によるものであつて、その権威は国民に由来し、その権力は国民の代表者がこれを行使し、その福利は国民がこれを享受する」とし、国政の「福利は国民がこれを享受する」という点は福祉国家の宣言です。しかし自民党草案は「社会全体が互いに助け合」うとし、福祉国家の改変を目指しているのです。

（2）　地方自治を後退させる条文の増加

　自民党草案の第8章にある地方自治の章は、条文数が増加しています。しかしそれは、地方自治を充実する内容なのではなく、新自由主義的な「小さな政府」にする方向を示しています。自治体民営化でどのような社会になっていくのかを知る手がかりとなります。

①住民の権利は「参画」とし「負担」を強調

　草案は、地方自治の本旨（91条の2）として、「住民の参画を基本」とし、「自立的」に実施する、住民は、「その負担を公平に分担する義務を負う」としています。現行憲法は「地方自治の本旨」として「団体自治」と「住民自治」を保障していますが、草案は、「住民の参画」という規定で住民の地位は主権者から変質させ、「自立」を強調して財

政力の乏しい地方自治体への国の支援を否定し、「負担を公平に分担する義務」の強調は「住民自身が負担する」ということで、国や地方自治体が果たすべき、住民の安全や健康及び福祉の増進を図るという責務を後退させるものです。その結果、生存権や教育を受ける権利などの基本的人権の保障が、大きく後退することになります。

②道州制を想定し地方自治体の国への協力を明記

　草案は地方自治体の種類として、基礎地方自治体のほかに広域地方自治体を明記（93条1項）し、道州制の導入を想定しています。「国及び地方自治体は、法律の定める役割分担を踏まえ、協力しなければならない」としています。地方自治体の自主性を制限し、基地問題等では国に対して自主的な対抗が困難となる規定です。

③地方自治体は自主財源を原則とする財政に

　地方財政について「条例の定めるところにより課する地方税その他の自主的な財源をもって充てることを基本とする」（96条1項）とし、国は役務の提供ができないときにのみ「必要な財政上の措置」を講じるとされます（96条2項）。また「財政の健全性」の確保を義務づけています（96条3項、83条2項）。地方自治体の財源が地方税中心ということになれば、地方税をどのような形で制度設計したとしても、地域間において住民の所得等において格差が歴然としてある下では、地方自治体の財政力には大きな格差が生じます。「財政の健全性」とは、人権保障も財政力の範囲にとどめよという意味です。地方自治体の公共サービスの水準にも、大きな地域格差が生じることになります。

④地方議会の役割の限定

　草案は、「地方自治体には、法律の定めるところにより、条例その他の重要事項を議決する機関として、議会を設置する」（94条）としています。現在の地方議会は、住民の意見や要望に基づいて種々の意見書を議会で採択して国へ送る権限があります。これに対し草案は、議

会の議決事項を「条例その他重要事項」の議決に限定しており、地方議会の権限が縮小されることになりかねません。

(3) 「小さな政府」で人権保障を後退させる自民党草案

　このように自民党の草案は、「小さな政府」の地方自治体版を志向し、地方自治体、住民自治、住民参加を、地方議会も含めて縮小し権限を小さくし、財政的にも国が全国的な最低限の公共サービスの保障をする立場を変えて、地方ごとにサービスの格差が生じてもかまわないという方向をめざしています。

5　世界で進む「再公営化」

　「官から民へ」というスローガンで進む地方自治体の公共サービスの民営化を批判する活動をする中で、世界の流れは変わってきていることを感じます。英国では、サッチャー政権の時代から新自由主義といわれる社会保障の縮減、公共サービスの民営化が進みました。ブレアの労働党政権も、継承しました。

　わが国でも、こうした動きにならう形で、1980年代以降、国鉄、電電公社などが民営化されてきました。2005年には小泉政権が、郵政民営化をかかげて衆議院総選挙で圧勝しました。PFIで、国や地方自治体の公共施設整備を民間企業に委ねる方式も、政策的に増加をさせられてきました。

　いまヨーロッパでは、公財政による社会保障や公共サービスの充実を求める運動が高まっています。「anti-austerity」は「反緊縮」と直訳されますが、福祉と社会保障の充実の運動だと思います。各種研究機関も次々と「官から民へ」「小さな政府」論を批判する実証的な議論を展開しています。欧州労働研究所の調査報告書は「明白なことは、

今日の政治的議論や経済学の主流において支配的な民営化市場化の経済的な効果に対する積極的な期待は、あまりにも単純すぎるし、あまりにも一面的」だと述べました。欧州自治体協会（CEMR: Council of European Municipalities and Regions）の「欧州公共サービス憲章」は「公共サービスを提供する最良の方策を民主的かつ自主的に決定することは地方自治体の責任であり権利」とし、地方自治体に民営化や競争入札を押し付けることを批判しています。トランスナショナル研究所「公共サービス民営化に自治体・市民がどう立ち向かったか」も民営化された公共サービスの再公営化の事例を紹介しています。英国会計検査院はPFIの効果を検証したところ、PFIが公的な財政にプラスであるという証拠が乏しいと結論づけました。英国でコービン党首の労働党は、政権についたらPFIを廃止し、公的医療サービスを守り、鉄道・エネルギー・水を再公営化することを公約しました。「WEOWNIT」（私たちこそ所有者だ）という市民運動もはじまりました。

　2019年12月には、アムステルダムで、「FUTURE　IS　PUBLIC」（未来は公共にこそある）という国際会議が開かれ、世界中から民営化への反対運動や再公営化の事例が集められました[1]。

　新自由主義的な果てしない公共サービスの民営化からの脱却を模索して、再公営化の事例を集積する世界の運動に学び、わが国でも、果てしない公共サービスの民営化を検証し、再生の道を模索していきたいものです。

注
1　簡単な解説として岸本聡子「再公営化の最前線発表―アムステルダム市と『公共の力と未来』会議―」ウェブサイト「マガジン9」2020年1月17日があります。https://maga9.jp/200115-5/?fbclid=IwAR1uvUhEPFBCC2i1Hf_sIc1hF14jJqCLI9mklEcS__GaaKU8NEY958Jpz6c

Ⅱ

PFI の現状と課題

はじめに

　PFI は、1999 年に法制化された、公共施設整備や公共事業の企画立案や資金調達を民間事業者にゆだねる制度です。財政難でも立派な公共施設を建設できるかのように考えられることも多く、国の政策で推進されてきましたが、多くの問題を起こし、PFI の推進については慎重な対応がなされるようになってきました。しかしそれでも、民間事業者の利便性向上や収益の確保のための法改正がなされ、PFI をさらに推進し拡大しようとしています。ここでは、制度と法制のあらましをふまえ、これまでの問題事例を概観したうえで、最近の動向と、これらを考える視点を検討します。

1　PFI とは

　公共施設の整備や公共事業の分野で、「PPP」（Public Private Partnership＝官民連携）や PFI（Private Finance Initiative）という横文字が使われます。PFI 法は、正式には「民間資金等の活用による公共施設等の整備等の促進に関する法律」という名で、1999 年に制定されました。従来の公共施設整備や公共事業は、国や地方自治体などの責任で、公の財源で進められましたが、PFI は、企画や資金調達を民間企業の主導で進めるというのが言葉本来の意味です。

　その特徴は、地方債などの公的資金のみでなく民間金融機関などの資金を用いることや、「仕様発注」から「性能発注」に変わるところにある、と言われます。公共施設の建設なら、従来は、会議室の広さや数だけでなく、壁や柱や天井の素材などの「仕様」まで、行政の側で定めて、その仕様通りに建設が進んでいるかどうかを細かく検査して

いました。

　これに対して PFI では、「性能」の発注をします。会議室の広さや数など公共施設の性能だけを企業に発注し、企画や設計や仕様を民間事業者にまかせます。

2　PFI 法とは

(1)　PFI 法のあらまし

　この法律は、「民間の資金、経営能力及び技術的能力を活用した公共施設等の整備等の促進を図る」ことで「効率的かつ効果的に社会資本を整備する」「国民に対する低廉かつ良好なサービスの提供」をし、「国民経済の健全な発展に寄与する」ことが目的だとされます（1 条）。

　しかし実態は、民間の資金よりも国の財政支援をあてにして取り組まれることが多い上、民間が技術を有していない分野でも地方自治体の職員を派遣するようになり、長期間の契約の途中で費用が増額されて必ずしも低廉ではなく、サービスの質が良好であると示されているわけではありません。

(2)　対象として想定される広範な施設・事業

　想定される「公共施設等」は、次のように広範です（2 条）。

①　道路、鉄道、港湾、空港、河川、公園、水道、下水道、工業用水道等の公共施設

②　庁舎、宿舎等の公用施設

③　賃貸住宅及び教育文化施設、廃棄物処理施設、医療施設、社会福祉施設、更生保護施設、駐車場、地下街等の公益的施設

④　情報通信施設、熱供給施設、新エネルギー施設、リサイクル施設（廃棄物処理施設を除く。）、観光施設及び研究施設

⑤　船舶、航空機等の輸送施設及び人工衛星（これらの施設の運行
　　に必要な施設を含む。）

⑥　前各号に掲げる施設に準ずる施設として政令で定めるもの

　さらに施設建設そのものだけでなく、「特定事業」として、公共施設
等の建設、製造、改修、維持管理若しくは運営又はこれらに関する企
画や国民に対するサービスの提供などについても、「民間の資金、経営
能力及び技術的能力を活用することにより効率的かつ効果的に実施さ
れるもの」は対象とされます（2条2項）。民間の資金能力の活用で効
率的効果的に実施されるかどうかは、実施者である国や地方自治体が
決めるので、多くの公共サービスがPFIによって民営化されることに
なります。

(3)　民間事業者が担当する管理と「コンセッション」

　「公共施設等の管理者等」である国の省庁の長や地方自治体の首長等
は、「選定事業」について「選定事業者」を選定します。「特定事業」
について、「公共施設等運営権者」を決めることができ、運営権者は、
公共施設等の管理者等が所有権を有する、利用料金を徴収する公共施
設等について、運営や維持管理、これらの企画、住民へのサービス提
供をして利用料金を自らの収入として収受します（2条6項）。これ
が「コンセッション方式」です。「コンセッション」（concession）は
もともと「利権・特権」という意味です。外国から制度を導入する際
に、法文の中で「経営して利益をあげる」権利、「利権」という用語を
用いては、経済的な正体があらわになって導入が広がりにくいことを
考慮して、「運営権」という訳語をあてて法文にしたものと考えられま
す。「運営権」を具体的にイメージしにくいときは、要するに「利権」
の意味である、と理解すればよいでしょう。

(4) 基本理念は「民でできるものは民へ」

　基本理念はおおむね「公共施設等の整備等に関する事業は、国・地方自治体と民間事業者との適切な役割分担、財政資金の効率的使用の観点を、行政の効率化や公有財産の有効利用に配慮し、事業により生ずる収益等をもってこれに要する費用を支弁することが可能である等の理由により民間事業者に行わせることが適切なものについては、できる限りその実施を民間事業者に委ねる」ことだとされます（3条）。要するに、「民でできるものは民へ」というだけが基本理念です。

　公共サービスには、それぞれが公共のものとしての理由があるにもかかわらず、できるだけ民間にゆだねることを基本理念と称していることになります。公共サービスの存在の理由をふまえない、いびつな制度です。

(5) 「特定事業」の実施

　政府は「特定事業」の実施について、基本的な方針として次の事項を定めます（4条）。

① 民間の資金、経営能力および技術的能力の活用に関する基本的な事項

② 民間事業者の提案による特定事業の選定その他特定事業の選定に関する基本的な事項

③ 民間事業者の募集および選定に関する基本的な事項

④ 民間事業者の責任の明確化等事業の適正かつ確実な実施の確保に関する基本的な事項

⑤ 公共施設等運営権に関する基本的な事項

⑥ 法制上及び税制上の措置・財政上および金融上の支援に関する基本的な事項

要するに、政府として民間事業者が収益をあげられるように税制財

政金融上の支援をして PFI やコンセッションの導入をはかるということです。地方自治体も「地域における創意工夫を生かしつつ、特定事業が円滑に実施されるよう必要な措置」を講じます。

公共施設等の管理者等は、基本方針にのっとって特定事業の「実施方針」として次の事項を定めます（5条）。

① 特定事業の選定に関する事項

② 民間事業者の募集および選定に関する事項

③ 民間事業者の責任の明確化等事業の適正かつ確実な実施の確保に関する事項

④ 公共施設等の立地・規模および配置に関する事項

⑤ 事業契約の解釈の疑義についての措置に関する事項

⑥ 事業の継続が困難となった場合における措置に関する事項

⑦ 法制上及び税制上の措置並びに財政上及び金融上の支援に関する事項

民間事業者は、実施方針の策定の提案をできます（6条）。

公共施設等の管理者等は、特定事業を選定し（7条）、その特定事業を実施する民間事業者を公募の方法等により選定します（8条）。民間事業者の選定に先立って、その募集に応じようとする者に対し、特定事業に関する技術または工夫についての提案を求め、これを客観的に審査・評価します（10、11条）。地方自治体は、一定規模の事業契約については、あらかじめ議会の議決を経なければなりません（12条）。地方自治体は、PFI法による公共施設等の管理について、地方自治法上の指定管理者制度の運用にあたって、選定事業の円滑な実施が促進されるよう適切な配慮をします（13条）。

選定事業は、基本方針および実施方針に基づき、事業契約にしたがって実施されます（14条）。

(6) 公共施設等運営権（コンセッション）

公共施設等の管理者等は、選定事業者に公共施設等運営権を設定することができます（16条）。この場合は、実施方針（5条）に加え、次の事項も定めます（17条）。

① 選定事業者に公共施設等運営権を設定する旨
② 公共施設等運営権に係る公共施設等の運営等の内容
③ 公共施設等運営権の存続期間
④ 運営権者から徴収する費用に関すること
⑤ 公共施設等運営権実施契約に定めようとする事項と解釈についての疑義についての措置
⑥ 利用料金に関する事項

公共施設等の管理者等が地方公共団体の長であるときは、条例にしたがって実施方針を定め、民間事業者の選定の手続、公共施設等運営権者が行う公共施設等の運営等の基準および業務の範囲、利用料金に関する事項などを定めます（18条）。

管理者等は、民間事業者を選定したときは、あらかじめ議会の議決を経て、遅滞なく、実施方針にしたがって選定事業者に公共施設等運営権を設定し、次の事項を明らかにします（19条）。

① 公共施設等の名称・立地・規模および配置
② 運営権の内容と存続期間

公共施設等の管理者等は、実施方針に従い、公共施設等運営権者から、当該建設、製造または改修に要した費用に相当する金額の全部または一部を徴収することができます（20条）。いわゆる権利金のようなものです。

公共施設等運営権者は、「公共施設等運営権実施契約」を締結して、公共施設等の管理者等が指定する期間内に、公共施設等運営事業を開始します（21、22条）。公共施設等運営権実施契約には、次の事項を

定め、公表します。

① 公共施設等の運営等の方法

② 公共施設等運営事業の継続が困難となった場合における措置に関する事項

③ 公共施設等の利用に係る約款を定める場合には、その決定手続及び公表方法

④ 国や地方自治体の職員が派遣される場合には派遣に関する事項

公共施設等運営権者は、利用料金を自らの収入として収受します。利用料金は、実施方針に従い、あらかじめ管理者に届け出て、公共施設等運営権者が定めます（23条）。制度として、地方自治体や地方議会は、いったん運営権を設定してしまえば、利用料金を統制することができないことになっています。地方自治とくに住民自治の大きな後退です。

公共施設等運営権は、物権とみなし、別の定めがない限り、不動産に関する規定が準用され、公共施設等運営権登録簿に登録されます（24、27条）。公共施設等運営権は、法人の合併その他の一般承継、譲渡、滞納処分、強制執行、仮差押えおよび仮処分並びに抵当権の目的となります（25条）。公共施設等運営権は、分割したり併合したりすることはできず、また公共施設等の管理者等の許可を受けなければ移転することができない（26条）のですが、強制執行等の場合には、地方自治体が好むと好まざるとによらず、強制的に移転することがあり得ることになります。

公共施設等の管理者等は、公共施設等運営事業の適正を期するため、公共施設等運営権者に対して、その業務若しくは経理の状況に関し報告を求め、実地について調査し、又は必要な指示をすることができ、違法、不正、懈怠や契約違反があったときには公共施設等運営権の取消しもできます（28、29条1項）。しかし、そもそも業務に関する情報

が公開される保障がないため、取消し事由があったのかどうかの把握自体が、きわめて困難であり、指示や取消しの権限があったとしても、地方自治体が事業者を監督することは事実上困難でしょう。また、公共施設等を他の公共の用途に供すること等の理由で公益上やむを得ない必要が生じたときにも取消しはできますが、この場合は公共施設等運営権者に対して公共施設等運営権の消滅により通常生ずべき損失を補償しなければなりません（30条）。ひとたび公共施設等運営権を設定してしまえば、長期間にわたり、巨額の補償をしなければ政策の変更ができないことになりますので、この点でも地方自治・住民自治が大きく制約されることになります。

(7)　株式会社民間資金等活用事業推進機構による特定選定事業等の支援

　もともとの PFI は、民間資金活用のための制度でしたが、法改正により、政府の出資する「民間資金等活用事業推進機構」が特定選定事業を支援することとされ、事実上、民間資金の活用のためではなく、この支援策としての交付金のために PFI を採用する例が増え、当初の制度からは大きく変質しています（31条以下）。

3　これまでの実施状況

　この法律は、財政難のもとでも公共施設整備を含む公共事業を推進しようとするもので、主として経済界の求めにこたえて制定され、運用されてきました。その実施状況は次の通りです[*1]。

　2018（平成30）年度に実施方針を公表した PFI 事業数は、73件で、PFI 法が制定された1999（平成11）年度以降で最多であるとされ、そのうち公共施設等運営権（コンセッション）方式の活用を前提とした事業数は7件でした（**図表Ⅱ-1**）。2018（平成30

図表Ⅱ-1　2018 年度に実施方針が公表された PFI 事業一覧（73 件）

	事業名	事業主体
1	市営分銅町・末広町住宅整備事業	西宮市
2	（仮称）小山市立体育館整備及び運営事業	小山市
3	愛知県営鳴海住宅 PFI 方式整備事業	愛知県
4	東大阪市立小学校空調設備整備事業	東大阪市
5	香芝市スポーツ公園プール施設整備運営事業	香芝市
6	山口市立学校施設空調設備整備 PFI 事業	山口市
7	小山町落合地域優良賃貸住宅整備事業	小山町
8	大分市立小学校空調設備整備 PFI 事業	大分市
9	佐倉市立小中学校・幼稚園空調設備整備事業	佐倉市
10	西条市立小中学校・幼稚園空調設備整備 PFI 事業	西条市
11	富山市斎場再整備事業	富山市
12	岡山市当新田健康増進施設運営・維持管理事業	岡山市
13	岡山市東部健康増進施設運営・維持管理事業	岡山市
14	山形市立商業高等学校校舎等改築事業	山形市
15	四日市市立小中学校普通教室空調設備整備事業	四日市市
16	宿毛市における小中学校整備事業	宿毛市
17	中鶴地区定住促進住宅（1 期）整備事業（仮称）	中間市
18	南紀白浜空港特定運営事業等	和歌山県
19	津和野町定住推進住宅整備事業	津和野町
20	愛知県営上和田住宅 PFI 方式整備事業	愛知県
21	木更津市新火葬場整備運営事業	木更津市
22	藤井寺市立小中学校空調 PFI 事業	藤井寺市
23	名古屋競馬場移転整備等事業	愛知県競馬組合
24	沖縄科学技術大学院大学規模拡張に伴う宿舎整備運営事業	学校法人沖縄科学技術大学院大学学園
25	植村直己冒険館機能強化改修運営事業	豊岡市
26	メディカルコミュニティみやきプロジェクト	みやき町
27	中山町公営住宅（町営中原住宅）建替事業	中山町
28	宗像市立学校空調設備整備事業	宗像市
29	愛知県営西春住宅 PFI 方式整備等事業	愛知県
30	国立印刷局赤羽宿舎（仮称）整備事業	独立行政法人国立印刷局
31	別府海浜砂湯改修事業	別府市
32	岡崎市立小中学校空調設備整備事業	岡崎市
33	東みよし町浄化槽市町村整備推進事業	東みよし町
34	田川伊田駅舎施設運営事業	田川市
35	館山市学校給食センター整備運営事業	館山市
36	大阪中之島美術館運営事業	地方独立行政法人大阪市博物館機構
37	新青森県総合運動公園新水泳場等整備運営事業（仮称）	青森県
38	名古屋市営柳原荘 2 期整備事業	名古屋市
39	香陵公園周辺整備 PFI 事業	沼津市
40	豊橋市新学校給食共同調理場（仮称）整備等事業	豊橋市
41	みやき町戸建て定住促進住宅整備事業【No2】（仮称）	みやき町

42	富田林市下水道管渠長寿命化 PFI 事業	富田林市
43	名古屋大学（東山）地域連携グローバル人材育成拠点施設整備等事業	国立大学法人名古屋大学
44	鳥取県立美術館（仮称）整備運営事業	鳥取県
45	長井市学校給食共同調理場整備等事業	長井市
46	鴨川市中継施設整備・運営事業	鴨川市
47	山形市立南沼原小学校校舎等改築事業	山形市
48	衆議院議員会館維持管理・運営事業（第二期）（仮称）	衆議院
49	参議院議員会館維持管理・運営事業（第二期）（仮称）	参議院
50	福岡市拠点文化施設整備及び須崎公園再整備事業	福岡市
51	白雲台団地建替事業（1期）	下関市
52	市営桜ヶ丘団地建替事業	曽於市
53	冨多地区定住促進住宅整備事業（仮称）	大刀洗町
54	山形市南部への児童遊戯施設整備事業	山形市
55	旧苅田家付属町家群を活用した施設の管理運営事業	津山市
56	八千代市立小中学校普通・特別教室等空調設備整備 PFI 事業	八千代市
57	糸島市運動公園整備・管理運営事業	糸島市
58	浜松市立小中学校空調設備整備事業	浜松市
59	中央公園整備及び管理運営事業	佐世保市
60	盛岡南公園野球場（仮称）整備事業	盛岡市
61	鳥取県営水力発電所再整備・運営等事業	鳥取県
62	貝塚市新庁舎整備事業	貝塚市
63	小平市立学校給食センター更新事業	小平市
64	上ヶ原浄水場再整備等事業	神戸市
65	鳥取市民体育館再整備事業	鳥取市
66	本牧市民プール再整備事業	横浜市
67	広島空港特定運営事業等	国土交通省
68	西宮中央運動公園及び中央体育館・陸上競技場等再整備事業	西宮市
69	愛知県営初吹住宅 PFI 方式整備等事業	愛知県
70	三原市立小中学校空調設備整備 PFI 事業	三原市
71	長浜市営住宅北新団地建替整備事業	長浜市
72	旧小千谷総合病院跡地整備事業	小千谷市
73	美浜町地域づくり拠点化施設整備事業	美浜町

注：アミ掛けの箇所は公共施設等運営権（コンセッション）方式。
出所：内閣府民間資金等活用事業推進室（PPP/PFI 推進室）（https://www.8.cao.go.jp/pfi/）。

年）度末までに実施された累計の PFI 事業数は 740 件でした（**図表 II - 2**）。

　しかし、この数値は、全国で PFI やコンセッションが活発に採用されていることを示すものではありません。件数は増大したかに見えますが、契約金額は増加せず、上下しています（**図表 II - 3**）。これは、

図表Ⅱ-2　PFI事業数及び契約金額の推移（累計）

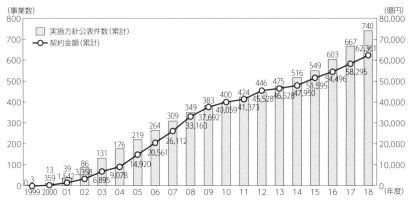

注1：2019年3月31日現在。
注2：事業数は、内閣府調査により実施方針の公表を把握しているPFI法に基づいた事業の数であり、サービス提供期間中に契約解除または廃止した事業及び実施方針公表以降に事業を断念しサービスの提供に及んでいない事業は含んでいない。
注3：契約金額は、実施方針を公表した事業のうち、当該年度に公共負担額が決定した事業の当初契約金額（公共負担額）を内閣府調査により把握しているものの合計額であって、公共施設等運営権方式における運営権対価は含んでいないなど、PPP/PFI推進アクションプラン（2019年6月21日民間資金等活用事業推進会議決定）における事業規模と異なる指標である。
注4：グラフ中の契約金額は、億円単位未満を四捨五入した数値。
出所：同前。

図表Ⅱ-3　PFI事業数及び契約金額の推移（単年度）

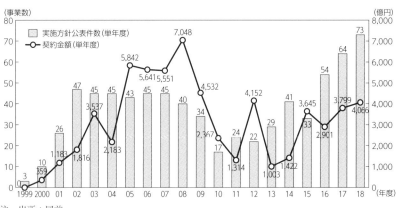

注、出所：同前。

PFI が小規模化していることを示しています。本来、PFI は実施に先立ち導入可能性調査等を実施します。また、PFI 契約は、単年度の発注と異なり、長期間にわたる複雑な契約を地方自治体と民間事業者との間で締結しますので、契約書作成についての経費も必要となります。ですから、1 件当たりの契約金額がある程度高額でなければ、コスト倒れになります。にもかかわらず PFI が小規模化しているということは、導入可能性調査等の PFI について特別に必要となる経費を、国が補助し、いわば無理にやらせているからに他なりません。

　本来であれば PFI を検討もしなかったような地方自治体が、国から導入可能性調査に必要な経費は補助するからと言われて調査に応じ、その調査を担当するのは多くの場合導入を促進することで利益を得るコンサルタント等ですので、導入が是であるという結論を得て、実施に進んでいるのが実態です。

　PFI やコンセッションは、言葉の本来の意味通りの民間資金の主導で民間主体で進んでいるのではなく、政府の政策によって補助金によって強力に誘導し、かろうじて小規模化しながら形式上その件数を増やしている状態にあるといえます。

4　多くの問題事例

　これまで地方自治体では、「PFI」という横文字の制度が十分には理解されないまま、財政難でも立派な公共施設を次々に建てられる特殊な手法であるかのように誤解して採用されることもありました。いわば、「PFI 神話」です。しかし実際は、民間事業者に公共施設の企画から設計・仕様・建設などを包括的にまかせ、民間事業者には長期間にわたる莫大な収益をもたらすことになるものであるために、さまざまな問題が起きています。推進する側は、こうした問題を協定書の工夫

などで回避しようとしますが、あらゆる問題を想定した条項は莫大で複雑なものとなり、現実にはきわめて困難です。

「VFM」（Value for Money）などの用語を用い、細かい数値計算をし、一般的な公共施設の整備だと経費がかかるが、PFIを採用すればいくら経費が節減できる、などと議論されることがあります。しかし公共施設や公共サービスについて、質が高くてかつ経費も安い、ということは、ありません。経費を削減しようとすれば質は下がりますし、質を維持しようとすると、経費は容易に減りません。

(1) 事業者の経営破たんの事例

民間事業者が参入しても見込み通りの収益があげられず、民間事業者が撤退したり、PFIのために設立された特定目的会社（SPC: special purpose company）が経営破たんする事例があります。

福岡市では、PFI事業として臨海工場余熱利用施設を建設し、発電による電力を活用した温海水を利用するタラソテラピーなどを「タラソ福岡」が運営していましたが、収支の悪化から民間事業者が撤退し、約4か月にわたり施設が閉鎖され、福岡市民が施設を利用できない期間が発生するという事態となりました。北九州市のひびきコンテナターミナルは、PFI事業として2005年4月に運営が開始されましたが、もともとコンテナターミナルの需要の予測は過大であり、実際の開業後は予測を大きく下回る需要しかありませんでした。その結果、開業2年で経営破たんし、市が40億円もの支出をして施設を買い取りました。

複合施設名古屋港イタリア村も、観光拠点として、建築法規の解釈を修正して、PFI事業により整備されました。ここでも計画段階の集客見通しなどは過大であり、実際の開業後は計画通りの集客は実現しませんでした。その結果、2008年5月に170億円の負債を抱えて倒産

しました。従業員に多数の解雇者も出ています。

(2)　事故と損失の分担

　PFIでは、設計・仕様・管理を民間事業者にゆだねているため、地方自治体は事故等の損失の分担をしなくてよいのかが問題となります。地方自治体が責任を免れないのが一般ですし、事前に分担の定めをしようとしても、限界事例があり、折衝や協定はきわめて困難となります。

　仙台市の「スポパーク松森」は、ゴミの焼却熱を利用した温水プールで、仙台市初めてのPFI事業として実施されました。民間事業者に設計仕様をゆだね、他の公立プールとは異なる、貝殻のような曲面の天井が設置されました。ところが開館1か月の2005年8月に起きた宮城県沖地震で、この曲面の天井が崩落し、泳いでいた仙台市民を直撃し、多数の住民が重症を負う事故が発生しました。従来の行政主導で整備された旧来通りの箱型のプールでは同じ地震で天井が崩落した事例はありませんでした。この事故は、不十分な検査で手抜き工事を見抜けなかったことが原因とされました。市の賠償責任が問題となり、最終的には仙台市が賠償を負担することになったと伝えられています。

(3)　乏しい経費節減効果

　民間事業者は収益をあげるために参入するため、経費の面で安くならないこともしばしばあります。高知県・高知市では、共同しての高知医療センターの建設に際し、オリックスグループのPFI事業として、病院を建設しました。病院が完成し、管理運営を開始しました。担当民間事業者は、民間なら予算単年度主義のしばりがなく材料費を安くできる、医業収入の23.4％にできるとして落札しましたが、このような経営改善は実現しませんでした。このため契約解除となり、2010年

から高知県・高知市による行政の直営となりました。滋賀県近江八幡市立総合医療センターでも2009年3月にPFI事業の契約が解約されました。

　滋賀県野洲市では、市立野洲小学校と野洲幼稚園について、PFI事業として増改築と清掃など施設の維持管理をしていました。ところが経費が節減できるとして民間事業者にゆだねたのに、通常より経費がかかる事態となり、委託契約を解除しました。民間事業者との契約を解除した結果、経費は年間約5億円の節約になると計算されています*2。

(4)　事業者と行政との癒着

　特定の民間事業者が長期間にわたり膨大な利益を得るため、事業者としての地位に関連して、行政との癒着が問題となります。

　北海道岩見沢市では、生涯学習センターの整備事業の建設維持管理をPFI事業としました。ところが施設の建設と完成後15年間の維持管理を担当することになった民間事業者の関係者が、落札に先立ち、市長に対して5年間にわたり多額の政治献金をしていたことが判明しました。これでは、事業者の選定の公正さが疑われます。こうした事態について、PFI法にはいまだ法規制がありませんが、強い批判が出ています*3。

　高知県・高知市の病院PFIでも、2007年9月に元病院長が民間事業者から賄賂を受け取る刑事事件が起きました。病院管理者という行政側が、運営経営を担当する民間事業者側と癒着関係にあったことを示すものと言えます。

(5)　働き手は「官製ワーキングプア」

　経費を削減し、かつ民間事業者が収益をあげようとすると、必然的

に現場での実際の公共サービスの担い手の処遇は大きく引き下げられ
ざるを得ません。このため PFI など民間委託の現場では、非正規労働
が拡大しています。東京都立病院のいくつかは PFI 事業者に運営が委
託されていますが、委託先は大企業グループでも実際の管理や作業は
下請けや孫請けにゆだねられ、現場の働き手は非正規労働者となって
います。下請け事業者は安さを競わされて頻繁に交代し、清掃に不備
が生じた例も報告されています。

(6)　「PFI 神話」の崩壊

　このように PFI には、①事業者の破たんのリスクがある、②事故等
の損失の負担の問題が生じる、③経費節減は必ずしも実現しない、④
長期間の契約による莫大な利権をめぐり行政と担当する民間事業者と
くに大企業との癒着が生じる、⑤担当事業者の下請けが安さを競わさ
れ頻繁な交代や担い手の非正規化が生じる、などの問題があります。
PFI を公共施設整備や経済活性化の切り札のように描く「PFI 神話」
は、すでに崩壊していると言えます。こうした事例が次第に知られる
ようになると、地方自治体では、立法当時と比較して、明らかに PFI
の事業化件数は減少していきました。

5　相次ぐ法改正による拡大

　ところが、多くの問題事例をふまえていったん減少した PFI は、相
次ぐ法改正により、政策的に拡大がはかられてきました。

(1)　2011 年改正と「公共施設等運営権」（コンセッション）創設

　2011 年 6 月には PFI 法が一部改正され、「公共施設等運営権」（コ
ンセッション）という権利ができました。公共の負担で建設した公共

施設について、利用料金の収受や運営権の担保提供・譲渡で、民間事業者が収益を得たり、損失を確定して事業から離脱したりすることが、さらにやりやすくなっています。

　当時、国の公共事業関係費は9.7兆円（1997年度当初）から5.0兆円（2011年度当初）に減少するなど、国と地方の財政は緊縮政策がとられていましたが、そのような状況でも、「社会資本の整備・更新の必要性」があるとして、「真に必要なインフラ投資」や「高度成長期に集中投資した施設の維持更新」のために「PFIの積極的活用」が必要だとされていました。

　前に述べたように「公共施設等運営権」（コンセッション＝concession）とは、利用料金の徴収を行う公共施設について、施設の所有権を行政が有したまま、施設の運営権を民間事業者に設定するものです。

　地方自治体は、既存の施設でも新設の施設でも、条例にしたがって実施方針を定めることにより、この運営権を設定することができます。運営権を設定した公共施設の料金収入はPFI事業者の収入となるため、行政は建設や改修に要した費用を運営権者から徴収します。公共施設等運営権は「物権」とみなされ、不動産に関する規定が準用され、運営権の第三者に譲渡したり、担保を設定することができます。ただし譲渡については、行政の許可が必要です。

　運営権は、不正や契約違反があったときや公益上やむを得ない必要が生じたときは、取消しや行使停止ができます。しかし、たとえば災害後の避難所としての使用等、他の公共の用途に使用する場合など、公益上の理由で取消し・行使停止をする場合は、行政が運営権者に対して、通常生ずべき損失を補償しなければなりません（PFI法16～30条）。

　そもそも公の施設等の社会資本は、住民の福祉を増進するために、公の財政で整備されるものであるのに、災害時に民間事業者の運営権

を停止すると、行政が民間事業者に対して損失補償をしなければならないというのでは、あまりにも民間事業者の利益の保護に傾斜し、公共施設・公共事業の本来の趣旨から逸脱しているものといわなければなりません。

(2)　2013年改正と「民間資金等活用事業推進機構」設立

　安倍政権は、「アベノミクス」の一環として「PPP/PFIの抜本改革に向けたアクションプラン」（2013年6月6日）を打ち出し、いわゆる「骨太方針」＝「経済財政運営と改革の基本方針」（2013年6月14日閣議決定）では、「公共投資などの分野への民間参入を促し、民間の資金やノウハウを活用する」、「PPP/PFIの抜本改革を通じて、公的負担の軽減を図りつつ、民間投資も喚起し、官民連携によるシナジー効果を高め」、PFIをさらに積極的に活用し、今後10年間で12兆円規模に及ぶ事業を推進する、としていました。経済政策として、PFIに重要な役割を与えました*4。

　推進するPFI事業の内訳は、公共施設等運営権制度を活用したPFI事業で2〜3兆円（空港、上下水道事業における運営権制度の積極的導入等）、収益施設の併設・活用など事業収入等で費用を回収するPFI事業等で3〜4兆円（高速道路など）、公的不動産の有効活用など民間の提案を活かしたPPP事業で2兆円、その他の事業類型（業績連動の導入、複数施設の包括化等）で3兆円、などとしました。

　方針はさらに、「PPP/PFIの抜本改革に重点的に取り組む各省庁及び地方公共団体に対する適切な評価を踏まえた各種補助金・交付金の重点化」をするとしています。これは、PFIで民間事業者の収益のために公共施設を供出すれば、各種補助金・交付金で優遇する、という露骨な誘導政策です。この点については、経済財政諮問会議の中でも民間議員が、PPP・PFIの導入促進に当たっては、地方交付税の「行

革算定基準」に PPP・PFI 導入に関する指標を組み込み、地方自治体での普及を促すよう提案しました。

2013 年 PFI 法一部改正では、官民連携によるインフラファンドの機能を担う株式会社として、「民間資金等活用事業推進機構」を設立することとしました。この機構は、独立採算型等の PFI 事業に対し、出資や融資で支援します。これによって「国の資金を呼び水としてインフラ事業への民間投資を喚起し、財政負担の縮減や民間の事業機会の創出を図り、我が国の成長力強化に寄与する」ことをねらっています。

機構は、株式会社形態の認可法人として、2013 年 10 月 11 日に設立され、国が 100 億円、銀行などが 87 億 5000 万円を出資しました。今後、公共施設等運営権を民間に売却する方式の PFI 事業等に対し、出資（優先株・劣後債の取得等）や融資を実施するほか、PFI 事業者等に対する専門家の派遣や助言をし、15 年間（2028 年 3 月末）を目途に業務を行うとされています。

公共施設整備や公共事業を民間の企画立案や資金調達に主導させるというところに PFI の特徴があるのだとされてきましたが、とうとう、「民間主導」の事業を増やすために、国が巨額のファンドをつくり、専門家の派遣や助言など、あらゆる支援をして民間に主導させる、というところまで行きつきました。これはもはや「官が世話する民間主導」といえるものであり、概念矛盾です。

(3) 2015 年改正と公務員の退職派遣

2015 年一部改正では、コンセッション（公共施設等運営事業）の円滑かつ効率的な実施を図るため、専門的ノウハウ等を有する公務員を退職派遣させる制度などが創設され、地方自治体の技術経験を民間事業者に移転することがさらに容易になりました。たとえば水道事業などは、これまで行政に担われてきたため、水道事業の担い手は公務員

に限定されてきました。公務員を退職派遣させる法整備を通して、これまでに技術経験を持つ人材のいない民間事業者でも、公務部門から人材を得て参入することが容易になりました。

(4) いくつかの最近の事例

　政府の誘導にしたがって、多くの問題事例を受けていったんは下火になっていた PFI のふたたび増加がみられます。しかし、新たな法整備がされても、すでに生じた問題事例から学ぶべき PFI の問題点は、そのまま妥当します。

①仙台空港

　仙台空港は、国の管理する空港ですが、空港ビル等は宮城県が出資する第3セクターが運営してきました。東日本大震災後、宮城県は仙台空港の民営化をめざし、国土交通省は、民営化の実施方針の素案となる基本スキーム（案）を公表しました。担当事業者の応募資格は、国内外で商業施設や公共施設、旅客運送などいずれかの運営経験がある企業・団体とされ、まず仙台空港ビルなどの周辺施設を先行して民営化した上で、滑走路の維持管理や警備などの空港業務を引き継ぎます。事業期間は 30 年間とし、最大で 30 年の延長ができるとされます。

　宮城県は「仙台空港 600 万人・5 万トン実現サポーター会議」を開き、旅客数や取り扱い貨物量を増加させるための議論をしており、運営権の民間譲渡によって旅客や貨物の取り扱いを増やせるなどとしています。

　しかし、仙台空港の利用者数や貨物量は、東日本大震災の前からすでに減少傾向にあり、民間事業者に運営権が渡されるとなぜ旅客数や貨物取扱量が増加するのか、必ずしも説得力のある議論はなされていません。民間事業者のノウハウによれば集客を増やせるとして実施に移され、見込んだ集客を実現できず、その結果民間事業者が撤退して

行った PFI 事業がこれまでにも多数ありました。旅客や取り扱い貨物を増加させる大きな目標を掲げても、現実は必ずしもそのような結果にならず、結局、公の財産や官製ファンドを利用して、特定の民間事業者が収益をあげるだけの結果になるおそれも少なくありません。

　実際の契約は、仙台国際空港株式会社（東急前田豊通グループが設立する特別目的会社）との間で、2015 年 12 月 1 日に締結され、契約期間は当初 30 年（2015 年 12 月 1 日〜2045 年 11 月 30 日）、オプション延長 30 年以内、不可抗力等による延長を含めて最長 65 年以内、事業開始予定日は、ビル施設等事業は 2016 年 2 月 1 日、この他の事業（滑走路等の維持管理・着陸料の収受等）は 2016 年 7 月 1 日とされています。動向が注目されます。

②大都市部の庁舎整備

　東京都渋谷区は、総合庁舎と、隣接する渋谷公会堂の建て替えにあたり、公共の土地を敷地として分譲マンションを建設し、その収益の一部で区役所の整備をしようとしています。敷地の一部に定期借地権を設定し、民間開発事業者が高層マンションを建設し、そのマンションの収益で庁舎と公会堂の建設費をまかなうという民間事業者の提案を採用しました。区は財政負担をしないで、区庁舎と公会堂との建て替えを実現させるとしています。庁舎とマンション一体の再開発の試みは、東京都豊島区でもおこなわれています。官民連携による財政負担のない庁舎建設事業の新たな潮流だとする見方もあります。

　しかし、このようなやり方には疑問があります。①マンションの住環境と庁舎や公会堂としての機能とは異質であり、たとえば住宅は個人の生活の拠点ですが庁舎や公会堂には多数の人が出入りします。都市計画により、居住に適した地域と公衆の集まる地域とを相対的に区分してきました。実際上も、公会堂の騒音が住環境に影響しないか、高層マンションの落下物が庁舎や公会堂に出入りする多数の人に危険を

およぼさないか、という問題もあります。②高額のマンションを購入する層や民間開発事業者の収益のために公の土地を数十年という長期間にわたり独占的に使用させることが、そもそも住民を平等に扱うべき行政の役割としては、問題です。③長期間にわたり莫大な独占的利益を得る事業者の選定は、公平に行うのはきわめて困難であり、癒着の問題や、不透明で恣意的な選定の問題があります。④行政と民間事業者とは、長期間にわたり施設の管理や修繕や建替えをめぐり協力・協議していくべき関係になりますが、民間事業者はたえず変化しており、数十年にわたり一定の体制や資質を継続するとは限らず、安定性に欠けます。⑤庁舎や公会堂は、地方議会や住民の意見を反映して民主的に運営されるべきものですが、民間事業者との折衝が住民の意思より優先されることになりがちです。各地のこうした計画が、住民の討論をつくしその総意で進められているとは言えません。⑥庁舎や公会堂をマンションの収益で整備するということは、マンション購入者は庁舎整備の負担のない同規格同仕様のマンションと比較して割高な物件を購入することになります。そうでなければ公の財産を特別に安値で提供することになります。また、庁舎等の建設費や行政経費も節減の圧力を強く受けることになるでしょう。

(5)　多くの PFI で欠落した住民の立場や地域経済の均衡ある発展の視点

　この数年間の PFI 推進策は、とにかく大企業が収益をあげやすくするための、なりふりかまわない施策であり、住民の立場や地域経済の均衡ある発展の視点が欠けています。そもそも地域経済は、大規模公共施設や大型公共事業の整備のみで成り立つものではありません。地域経済の均衡ある発展のためには、公共事業に次のような視点が必要です。

　①　その地域の自然環境に合致し、農林水産業などの特産品を生か

した事業であること。

②　農林水産業などの一次産業から、加工、商業や観光への連関した展開を支えること。

③　住民の福祉的サービスの質につながり、かつはたらき手の雇用の質が確保され、消費と税収に貢献すること。

(6)　地方都市における「駅前」「まちづくり」―岩手県紫波町の事例

地方都市の事例としてしばしば話題となり、「官民連携」の成功事例として語られる、岩手県紫波町（しわちょう）の「オガールプロジェクト」についてみてみましょう[*5]。

岩手県紫波町は、盛岡市と花巻市との中間に位置する、東北本線・東北自動車道沿いの町で、人口は約3万3800人です。ここでは、駅前の町有地約10.7ha について、再開発が行われ、ホテル、バレーボール専用体育館、図書館、カフェ、産直マルシェが入居する施設が整備されつつあり、年間80万人が訪れるようになっています。この再開発の中心的施設は、オガールプラザといい、延べ面積5800m^2 の2階建ての建物です。この建物の建築には、地元紫波町産の木材がふんだんに使われました。

図書館も設置され、隣接する「紫波マルシェ」では、その日の朝に採られた野菜や、畜産加工品、三陸産の魚介類、あるいは地元産の果実を加工したスイーツなどが販売されています。1F は、カフェ、飲食店、眼科、歯科などの民間テナントです。2F は、町の「交流館」となっており、音楽スタジオ、アトリエスタジオ、市民ギャラリー、子育て応援センター「しわっせ」などが設置されています。

オープン時から、オガールプラザの入居率は100% であったとされます。民間テナントは、ほぼ県内事業者です。

2011年4月には、岩手県サッカー協会の施設である「岩手県フット

ボールセンター」が近くに移転してきて、この施設の利用者もオガールプラザを利用するようになりました。

　新施設「オガールベース」には、日本初の、バレーボール専用体育館「オガールアリーナ」が設置され、宿泊施設である「オガールイン」が隣接して設置され、バレーボール実業団チーム等の合宿に利用されるようになりました。

　この計画は、紫波町の 2009 年「紫波町公民連携基本計画」にさかのぼります。再開発にあたっては、まず出店するテナントを固めてから、建物の規模や建設費用を算出しました。建設費用の経費削減のため、特別目的会社がオガールプラザを約 11 億円で建設し、その後、公共施設部分を紫波町に売却しました。「紫波型エコハウス基準」を設け、住宅の分譲も進められています。

　現在のところ、岩手県紫波町の「オガールプロジェクト」は、順調に推移していると言われています。しかし、これは果たして、「官民連携」や「民間資金・ノウハウ」の導入の成果として、各地で参考にできるものかは、慎重に検討する必要があります。

　第一に、民間のノウハウにゆだねるところからの出発ではなく、地元産木材の使用、県内企業の出店社数に合わせた建物規模の設計、地元産農産物の販売など、徹頭徹尾、地元の自然環境や産業を生かした政策を、再開発に先立って町が確固として持ち、その計画の遂行過程で、民間の法人格や民間の人材に適宜活躍してもらっているということです。

　第二に、資金面でも、地元産木材の使用事業としての国の補助金を受けていますし、「岩手県フットボールセンター」の整備は県の事業であり、国や県の資金が巨額に投入されていることになります。

　第三に、環境保全と山林や間伐材の活用を視野に入れた、「紫波型エコハウス基準」に合わせた住宅整備など、林業振興や環境保全という

町としての政策を、民間事業者の利益よりも優先して採用している点で、公共政策を貫徹している事例といえます。

　つまり、岩手県紫波町の例は、今後も注目に値しますが、民間事業者にゆだねたから、民間資金を活用したから、という事例としてではなく、国と県が林業振興や農産物の加工・販売の振興のために大きな資金を投入し、地元の自然環境を生かした町としての政策を確立し、住宅整備でも環境保全と林業振興の町としての政策を貫徹し、その中に適宜、民間の法人や人材、資金を活用している事例であるという視点が重要です。

6　PFI事業契約の実例―都立がん・感染症センター

　実際のPFIの姿を、契約書の条項の面からみてみましょう。都立駒込病院PFI「事業契約書」の内容と問題点は次の通りです*6。

(1)　マネジメントは下請けや丸投げを想定

　「第2章　統括マネジメント業務」の第5条は「自ら又はマネジメント・サポート企業に対する委託もしくは請負の方法により」管理するとされます。これは、下請けや丸投げを想定しています。膨大な労力や時間を投じて事業者を選定し、信頼できそうな大企業を選定したとしても、実際の公共サービスの担い手は、契約によっては特定していないということを意味します。実際のサービスの担い手については、下請けや孫請けなど、重層的な下請け構造となります。

(2)　業務担当者の有すべき資質

　第6条は「業務担当者」について、事業者が東京都に届け出て東京都が承認することとしています。これにより一応東京都として最低限

の管理はできます。しかし、民間事業者においては一般に、不採算部門は廃止することが「経営手腕」として賛美されます。都立病院のように、行政的医療など、採算性の乏しい事務事業についても担う組織体の統括管理について、公立病院の管理部門の経験を有しない民間企業の出身者がはたしてどのような資質能力を有するのか、またその者の行政的医療などを管理する能力はどのように評価して承認するかどうかを判断するのか、おおいに疑問です。採算性が乏しくても、行政的医療として都立病院が責任を持たなければならない分野はありますし、食堂、駐車場など、収益性を下げてでも利用者である都民の福利のために高い価格を設定すべきでない事業もあるでしょう。

(3)　民間出身者の「健全経営」への「助言」

　第19条は、「経営支援」として、民間事業者側が「健全経営への貢献」のための「助言」をするとされます。前述の通り、採算性の乏しい行政的医療についてどのような「助言」が可能なのかは、まったく不明です。

(4)　病院運営業務も下請け・丸投げ

　「第4章　病院運営業務・病院施設等維持管理業務・医薬品・診療材料等調達」の「第1節　総則　第2節　病院施設等維持管理業務　第3節　病院運営業務」第94条では「病院運営業務」について「乙（事業者）は……自らの責任及び費用において……自ら又は協力企業に対する委託若しくは請負の方法により、次の各号に掲げる病院運営業務を行う」とし、ⅰ医事業務、ⅱ検体検査業務、ⅲ物品管理業務、ⅳ食事の提供業務、ⅴ滅菌消毒業務、ⅵリネンサプライ業務、ⅶ医療作業業務、ⅷ一般管理支援業務、ⅸ利便施設運営業務、を上げます。結局これらの運営業務も、どこに下請けに出されるのか、はたして病院内

でその下請け先と良好なチームワークを確立して業務を遂行できるのか、SPCが下請け企業に安さを競い合わせることで頻繁に下請け先が変動し担い手が交代すればサービスの質は低下するのではないか、という疑問があります。

(5) 医薬品の変更は都の負担

第100条では「医薬品の変更に伴う費用負担」として、「甲（東京都）の請求により医薬品の変更を行う場合、当該変更により乙（事業者）に追加的な費用が発生したときは、合理的な追加費用は甲の負担」とされています。高知医療センターでは事業者側が応募の際、材料費の節減を提案していたが失敗しました。東京都では、医薬品の調達上の費用増加はすべて都の負担とされています。東京都と都民にとって、病院内の管理においてSPCを通すことによって、いったいどのようなメリットがあるのか疑問です。

(6) 下請け先の財務書類は点検せず

第109条では「財務書類の提出」について、SPCのみが都に提出すれば足りるとされます。しかしSPCは、いわば指示と経費支払いが通過するだけの会社です。病院における実際の作業は下請け企業が担うことになる以上、下請け企業の財務は都民にとって重要な情報です。公の施設の指定管理者に選定された後、経営破綻した事例もあります。また、都から支払われた経費が適切に公共サービスのために用いられているのか、現場の従事者を貧困にして中間の企業や下請け企業が不当な利益をあげていないか等、都民の立場から点検すべき点もあります。SPCからの下請け企業についても、財務書類や経営実態を点検できるようにすべきです。

(7) 現場の意見の適時の反映が難しい経営会議

「第13章　経営会議等」の第154条で「調整会議」として「連絡調整機関」を設けるとされます。しかし実際の病院運営は、現場で日々発生する状況に適時的確に対応する必要があります。このような機関を設けても、現場の意見を生かした住民サービスは困難であり、運営は直営と比較して格段に困難になります。

(8) マネジメントの成果がなくても減額されないマネジメント料

マネジメント料について「月額は、毎年度1回、物価変動を考慮し、改定されることがある。改定は、別紙（略）記載の指標の変動率を勘案した改定率を当該年度の統括マネジメント業務費に乗じ、翌年度4月支払分以降の統括マネジメント業務費に反映させる」とされます。これでは、物価変動は考慮されるものの、マネジメントの成果があがらなくても、SPCのマネジメント料は減額されません。マネジメントの成果があがらなくてもマネジメント料の支払を貴重な税金からさせられた高知医療センターの失敗の教訓は、生かされていません。

7　運営権（「コンセッション」）契約の実際

PFIの中でも、運営権方式の場合の契約は、実際にどのようなものなのでしょうか。実際の公共施設等運営権実施契約書（「浜松市公共下水道終末処理場（西遠処理区）運営事業公共施設等運営権実施契約書浜松における委託契約」）に即してみてみます[7]。

(1) 契約書全体の構成

契約書全体は、本文だけで102条43頁、この他に添付別紙が37頁、合計80頁という膨大なものです。そもそもこのような膨大な契約書は、

法律家も、ごく一部の専門家を除いては、作成することはありません。まして、地方自治体の現場の実務担当者が作成したり、個々の条項をめぐって民間事業者の雇う専門家と交渉して地方自治体の利益を主張したりすることは、とうてい不可能です。

　契約書の構成は次のようなものです。

　第1章　総則（目的・事業概要・契約の構成・資金調達・収入・届出・責任）

　第2章　義務事業の承継等及びその他準備

　第3章　公共施設等運営権

　第4章　本事業

　第5章　その他事業実施条件（第三者への委託・従事職員・保険・要求水準）

　第6章　計画及び報告

　第7章　改築に係る企画、調整、実施に関する業務等

　第8章　利用料金の設定及び収受等

　第9章　リスク分担

　第10章　適正な業務の確保

　第11章　誓約事項

　第12章　契約の期間及び期間満了に伴う措置

　第13章　契約の解除又は終了及び解除又は終了に伴う措置

　第14章　知的財産権

　第15章　その他（協議会・公租公課・個人情報保護・情報公開・秘密保持）

　添付別紙（定義集、義務事業の承継等の対象・方法、物品譲渡契約書、市が維持する協定等、運営権対価の支払方法、公有財産賃貸借契約、保険、改築実施基本協定、年度実施協定、利用料金収受代行業務委託契約、本事業用地）

(2)　事業の質の担保

　事業の質の担保については、一定のことが記載されています。たとえば、運営権者が目的を理解し「法令等を遵守し、本事業を自ら遂行」するとし（1条、2条）、事業実施に全責任を負い（3条1項）、目的を限定し（8条1項7号）、体制を確保し（13条）、市の承諾を得ない限り兼業できない（98条）とされています。

　ただ、任意事業を実施できる（22条）ので施設を利用した収益事業等を行うことができます。業務は、委託禁止業務を除き「第三者に委託し請け負わせることができ」（24条）、従事職員一覧表を備え置いて求められれば市に提出し（25条1項）、要求水準の変更や新たな施設建設が必要なら市が決定・通知しますが、市と運営権者で合意しなければ、施設建設や増築は市の負担となります（27条、28条）。法令変更による増加費用や損害の負担は協議するとされます（52条）。リスク分担は原則として運営権者とされますが、市に故意または重過失があるときは市に負担が生じ、重過失の有無をめぐる紛争も生じ得ることになります（48条）。運営権者が要求水準の変更に対応できる力量・体制を備える保障はないし、監督の体制としては運営権者による「セルフモニタリング」が原則であり（57条）、市および第三者によるモニタリングも「実施する」（58条）とされますが、長期的には、水道事業が特定の運営権者に委ねられていき、市や第三者には、民間事業者をモニタリングできるだけの能力や体制は残らないと考えられます。

　事業の質の担保は、民間事業者にゆだねられ、やはり行政の側で責任を持てる能力や体制は残らないでしょう。

(3)　議会と住民によるコントロールは困難

　議会と住民による民主的なコントロールも困難になります。運営権設定は地方議会の議決事項とされ、運営権の処分や契約上の地位の譲

渡は市の書面による事前の承諾を要することになり（64条1項）、一見すると、市のコントロールが及ぶように見えます。しかし、運営権者の事業資金調達のための運営権への担保設定については、市は合理的な理由なく拒めません（64条3項）。担保設定を拒めなければ、強制執行の際には市の同意なく運営権が移転することになります。したがって、民間事業者の任意の譲渡処分について市の事前の承諾が必要であっても、担保権実行の際の運営権者の移転については、市は制止できないことになります。

　より重要な問題は、民間事業者の活動や経営状態についての情報公開がまったく保障されないことです。事業内容の変更や利用料金の変更について、市が承諾するか否かを決める権限を持っていても、その判断には、事業の詳細や運営権者の経営状態についての情報の開示が必要不可欠です。ところが、情報公開の範囲は、運営権者自身が作成する「取扱規定」によるとされます（95条）。そして、市と運営権者は互いに相手方当事者の事前の承諾がない限りこの契約に関する情報を他の者に開示しないという秘密保持義務を負います（96条）。多くの事項は「企業秘密」として非開示とされるおそれがあります。情報公開の範囲が民間事業者によって自由に狭められるのでは、議会や住民が、民間事業者の活動や利用料金を民主的に統制することは、極めて困難となるでしょう。

　浜松市のコンセッション契約書には、「住民運動敵視条項」というべき条項があります。運営権設定対象施設の存在自体への「近隣住民の反対運動や訴訟等」の運営権者の損害は、市が補償するのです（50条）。住民の反対や訴訟等が明記される契約で、市が全面的に民間事業者の味方をするというのは、民意よりも上に民間事業者の利益保護をおくという、驚くべき内容です。

(4)　料金の決定

　利用料金は、市の示した基準にしたがって運営権者が設定し、増減が必要な場合は協議します（46条）。事業や運営権者の経営状態についての情報開示の保障がありません。また市の側には、事業についての知識経験に習熟した専門的力量のある職員の体制が残りません。利用料金について協議が義務づけられていたとしても、その協議は、運営権者である民間事業者の意向に沿って、民間事業者主導で行われ、結局のところ民間事業者の意向のままに利用料金が値上げされていくことになるでしょう。

(5)　自治体と市民にとってメリットは乏しい

　PFI全般に言えることですが、PFIやコンセッションにおいて、地方自治体と民間事業者との利益は、鋭く対立します。経験豊富な世界的企業を相手にして、地方自治体にとって有利な契約を締結する能力と自信のある地方自治体以外は、安易に契約締結できるものではありません。運営権者は、安い運営権の対価で高い使用料収入を得られるほど利益が増大しますし、負担する責任やリスクが少ないほど、施設更新などの業務負担が少ないほど、利益が増大します。行政と住民の立場は、まったくその逆です。行政の側の担当者には、20年以上もの長期間にわたり行政と運営権者とを規律する膨大な条項を含む契約を適切に締結する交渉の経験はありません。災害の発生や気候の変動、材料経費や水道事業運営に関する技術革新の動向などは、予測がそもそも不可能です。経験も乏しい上に、予測する根拠も乏しい将来を想定して負担やリスクについて定める契約を締結することには、地方自治体と市民にとって、メリットはありません。契約書の内容も、実際上は運営権者側の主導の条項になるでしょう。住民や行政の側の利益を重視した責任やリスクの定めをすれば、運営権者の側の経営負担とな

り、民間事業者が参入できないか、無理して参入しても経営破たんするでしょう。結局、住民や行政の側にとって、コンセッション方式を選択して長期間にわたり運営権者と行政の間を規律する契約を締結することは、困難ばかり多く、メリットは乏しいものと言わざるを得ません。

8 変化の激しい時代にふさわしくない
　　PFI・コンセッション

　PFI・コンセッションは、変化の激しい時代に、民間事業者と行政・地方自治体との関係を数十年という長期間にわたり固定化する制度であり、ふさわしくないものです。PFI契約においても、コンセッション契約においても、民間事業者と行政との関係は、決して単純なパートナーではなく、厳しい利害対立を有する存在です。一方が利益をはかれば他方が損失を被るという複雑で膨大で困難な契約体系です。このような複雑な契約を締結していても、「官から民へ」で経費削減もサービス向上も実現できるという幻想がふりまかれているために、現場では行政と事業者との間の行き違いが多発しています。破綻や失敗の事例も数多くあります。一見うまくいっているように見える事例は、実は、国や県が巨額の公金を支出した事例であったり、行政としての農林業振興政策、環境保全政策、人口誘致政策を先行して確立し、行政としての政策に民間の法人や資金・人材を活用している事例に思えます。

　経済界は、なおPFIやコンセッションのさらなる拡大を追求しています。PFI・コンセッションの採用の検討は、慎重の上にも慎重に行うべきですし、長期間にわたる公共施設の管理運営は、行政・地方自治体の直営を基本とするよう、法的にも対応がなされるべきです。

民間事業者の商機や収益を拡大し確保することは、必ずしも住民の福祉を充実させることにはつながりません。法制定から20年間のPFIの実施事例の中で、多くの問題事例が生まれていることは、そのことを示しています。PFIが不要不急の公共施設整備につながり、官製ファンドによる支援は、結局公共事業と同じになるとし、「安易な道に流れるな」とする指摘もあります。

　なお、愛知県西尾市では、公共施設の解体・改修・維持管理などを30年間にわたり一括して特定の民間事業者に委ねるPFIを計画し、2016年5月に契約案が市議会で可決されました。しかし、市民の反対運動が起き、市政・市議会を二分する大問題となって、PFI差し止めを求める住民訴訟も提起される中で、PFIを争点とする市長選が戦われ、PFI見直し派の市長が当選して大幅な見直しがなされようとしています。こうした、導入前に市民の力でPFIにブレーキをかける経験も生まれています。

　PFIでは大企業に長期間にわたる巨額の収益を確保するのみで、地域経済への好循環は期待できません。地方自治体として、住民の参加により、地域の自然環境や特産品を生かし、一次産業から加工・商業へと連関し、福祉サービスや良質の雇用の拡大につながるPFIに対置する地域経済のあり方を検討し、主導していくことが必要です。

注
1　内閣府民間資金等活用事業推進室（PPP/PFI推進室）（https://www8.cao.go.jp/pfi/）による。
2　『朝日新聞』2011年1月21日付。
3　『北海道新聞』2011年10月4日付。
4　この（2）より（5）までの記述は、尾林芳匡『これでいいのか自治体アウトソーシング』（共編著）、自治体研究社、2014年に依拠している。
5　猪谷千香『町の未来をこの手でつくる―紫波町オガールプロジェクト―』幻

冬舎、2016 年、参照。

6 詳細は尾林芳匡・入谷貴夫編著『PFI 神話の崩壊』自治体研究社、2009 年。

7 https://www.city.hamamatsu.shizuoka.jp/suidow-s/gesui/seien/documents。なお、詳細は尾林芳匡・渡辺卓也編著『水道の民営化・広域化を考える［改訂版］』自治体研究社、2019 年、参照。

Ⅲ
公の施設の指定管理者

1　公の施設の指定管理者制度の仕組み

(1)　「公の施設」とは

　「公の施設」は、「住民の福祉を増進する目的をもってその利用に供するため」に設けられる施設です（地方自治法244条1項）。公の施設には、保育所、老健施設、病院、会議場、公民館、図書館、都市公園、公共下水道、小中学校など広範なものが含まれます。

　指定管理者制度を理解するには、公の施設の本来の趣旨を確認する必要があります。それはまさに「住民の福祉を増進する」という点にあります。

　地方自治体は「正当な理由がない限り、住民が公の施設を利用することを拒んではならない」し、「住民が公の施設を利用することについて、不当な差別的取扱いをしてはならない」とされています（同前244条2項3項）。住民の福祉を増進する目的で設けられ、一般には公の財政によって設置されている公の施設なので、住民の利用する権利を保障し、不当な差別を禁止する規定が設けられています。

　地方自治法の公の施設についてのこうした規定は、地方自治法の民主的な規定の一つであると理解できます。たとえば、一定の公の施設についてある団体が集会を開こうとするとき、反対する団体が押しかけてきそうだから利用許可処分を取り消すという問題が起きたときには、地方自治法のこの規定が根拠となり、反対勢力がいる団体であっても集会のために公の施設を利用する権利が不当に差別されたり妨げられたりしてはならないのだという立論をして、裁判でも住民や団体が利用する権利が守られてきました。

　指定管理者制度について検討するには、このような本来の趣旨に照らした検討が必要です。たとえば公の施設の利用について商業施設の

ような高額の対価支払を必要としたのでは、「福祉を増進する」ことにはならないし、経済力による住民への差別的取扱いであり、本来の趣旨からの逸脱であるといえます。また、特定企業の収益の道具とすることも、法の本来の目的ではありません。

(2)　指定管理者制度の仕組み

　地方自治体が設置した公の施設を外部の団体が管理する場合、2003年改正前は委託契約の形式を取っていましたが、現行法では条例上の一種の行政処分による指定とされました。管理者となり得る団体は、改正前は公的な団体に限定されていましたが、現行法では営利企業を含む法人や団体も可能であることになりました。管理団体を公的な団体に限定していたのは、管理への住民の意思の反映と収益の住民への還元が最低限の歯止めと考えられていたためであり、民間事業者が一般に管理者となり得ることとしたことは、重大な変質であったといえます。

　なぜそれまでは公の施設の管理者が、地方自治体あるいは自治体が過半数出資している公的団体に限定されていたのでしょうか。それは、公の施設は住民全体の福祉の増進のための施設であり、少なくとも公の施設の管理をすることから生じる料金収入などは、建設資金の出資者である地方自治体に還元され、ひいては住民の利益に還元されていくものでなければ、公の財政で建設した公の施設を管理する資格がないと考えられたためです。

　ところが、そのような限定をはずしてしまい、純然たる営利企業すなわち利益配当が住民や地方自治体に還元される保障のない団体であっても、管理を通じて儲けてよいとしてしまったところに、指定管理者制度の最も大きな問題があります。

　地方自治体としての意思決定について、指定は議会の議決を経るこ

と、条例により期間を定めること、終了後の事業報告書の提出などが、地方自治法に明記されました。利用料金は指定管理者収入とされ、自治体が業務経理の報告を求め、実施の調査をし、必要な指示をできる点は変わっていません。管理者の指定の取消しが規定され、指示に従わないときや管理継続が適当でないときに、指定の取消しや業務の全部あるいは一部の停止を命ずることができることとされました（以上につき地方自治法 244 条の 2）。

2　公の施設の指定管理者制度の運用状況

　総務省の「公の施設の指定管理者制度の導入状況等に関する調査結果の公表」（2019 年 5 月 17 日）は、2018 年 4 月 1 日現在における各地方自治体の指定管理者制度の導入状況について、「指定管理者制度の運用について」（2010 年 12 月 28 日総行経第 38 号）によって指摘されていた項目について、実態調査をしたものです。この調査は、定期的に行われ、この前の調査は 2015 年 4 月 1 日現在のものが公表されています。

(1)　施設数
　指定管理者制度が導入されている施設数は 7 万 6268 施設であり、内訳としては、都道府県 6847、政令指定都市 8057、市区町村 6 万 1364 です。2015 年調査の 7 万 6788 から、520 減少しています。公共施設の「適正配置」などの動きの中で、施設数そのものが減少していることがうかがわれます。

(2)　指定管理者となった団体の内訳
　4 割の施設で民間企業等（株式会社、NPO 法人、学校法人、医療法

図表Ⅲ−1　指定管理者別導入状況と指定取り消し等の件数

		2006 年 9 月	2009 年 4 月	2012 年 4 月	2015 年 4 月	2018 年 4 月
導入施設数		61,565	70,022	73,476	76,788	76,268
管理者別内訳（複数回答可）						
	株式会社	6,762 （11％）	10,375 （15％）	12,799 （17％）	14,998 （19％）	16,342 （21％）
	財団・社団法人等	22,264 （36％）	19,275 （28％）	19,385 （26％）	19,680 （25％）	19,570 （25％）
	公共団体	331 （0.5％）	434 （0.6％）	275 （0.4％）	239 （0.3％）	268 （0.3％）
	公共的団体等	27,718 （45％）	29,824 （43％）	29,432 （40％）	28,419 （37％）	26,323 （34％）
	NPO	1,043 （2％）	2,311 （3％）	2,836 （4％）	3,525 （5％）	3,781 （5％）
	その他	3,447 （6％）	7,803 （11％）	8,749 （12％）	10,481 （14％）	10,679 （14％）
指定取り消し等の件数（調査日以前 3 年間の合計件数）						
		31	2,100	2,415	2,308	2,657

原注：総務省「公の施設の指定管理者制度の導入状況等に関する調査結果」から筆者が作成。割合は小数点第 1 位を四捨五入。

出所：角田英昭「公共施設の統廃合・再編の動きと課題」『いのちとくらし研究所報第 69 号』2019 年 12 月、2 頁。

人等）が指定管理者になっています。地方自治体の種類ごとにみると、都道府県 2617（37.7％）、政令指定都市 3734（46.1％）、市区町村 2 万 4451（39.5％）、合計 3 万 802（40.0％）です。2015 年調査と比較すると、わずかに民間企業等が指定される割合が増加しています。それでも、政令指定都市において比率が高いのに対し、市区町村では比較的低く、大都市部をのぞいては、行政が責任を持っている施設も多いといえます。

(3) 指定期間

　指定期間は、長期化する傾向があります。「前回の指定期間よりも長い」施設が約2割であり、3年未満が1.5％、3年が15.0％、4年が5.5％、5年が71.5％、5年超が6.5％％です。2015年調査と比較すると、「5年」の割合が、65.3％から6.2ポイント増えています。短い指定期間とすると、公共サービスの安定性を欠くことになりますし、募集や選定の手続そのものも地方自治体にとって負担となります。逆に長い指定期間とすると、特定事業者のみに長期間特権的な指定となるおそれもあります。

(4) 公募

　指定管理者の選定において公募している施設は、都道府県の約6割、政令指定都市の約7割、市区町村の約4割となっています。具体的には、都道府県が64.3％、政令指定都市が68.0％、市区町村が44.9％、合計49.1％です。2015年調査と比較すると、46.5％から約2.6ポイント増えています。制度創設当時は民間事業者の参入を促すために公募が推奨されていましたが、頻繁に交代する弊害も指摘されるようになり、公募によらない指定も相当数あります。とくに、市区町村では、半分以上が公募によらない指定となっており、規模の小さな地方自治体では、公募は必ずしも重視されていないことがうかがわれます。

(5) 選定基準

　選定基準としては、「サービス向上」や「業務遂行能力」、「管理経費の節減」などが重視されています（複数回答）。「施設のサービス向上に関すること」が96.8％、「団体の業務遂行能力に関すること」が95.2％、「施設の管理経費の節減に関すること」が94.0％、「施設の平等な利用の確保に関すること」が90.5％です。公の施設のそもそもの目的

を考慮する施設が多いといえ、制度導入直後の、もっぱら経費節減を重視する例は減ったかにみえます。しかし実際には、経費削減によってサービスの質に問題を生じた例も多くみられます。

(6) 指定管理者の評価

指定管理者の評価は、約8割の施設で実施されています。内訳をみると、都道府県では100.0%、政令指定都市では98.2%、市区町村では76.2%、合計で80.7% です。2015年調査の76.8% と比較すると、3.9ポイント増加しています。サービスの質を評価する動きの広がることそのものは望ましいものですが、行政の側に評価する体制や専門的力量が残っているかが問題です。

(7) リスクの分担

リスク分担については、約9割の施設で、選定の時や協定に際し提示して必要な事項を定めるようになっています。必要な体制の整備、地方自治体への損害賠償、利用者への損害賠償、修繕関連、備品関連、緊急時の対応などです。これも2015年調査と比較すると増加はしています。しかし実際に問題が発生すれば、限界事例が生じ、リスク分担は容易ではありません。

(8) 災害対応

大規模災害等発生時の役割分担や費用負担については、約5割以上の施設で選定の時や協定に際し提示されるようになっています。とくに、「大規模地震にかかる災害発生時における避難所運営を想定した指定管理者制度の運用について」（2017年4月25日総行経第25号総務省自治行政局長通知）が出されており、この後に、相当数が増えています。しかし災害などが実際に発生すると、事前の定めが機能せず、

結局地方自治体の負担と責任で対応することもあります。

(9)　労働法令遵守

　労働法令の遵守や雇用・労働条件への配慮については、約7割の施設で選定の時や協定に際し提示されています。都道府県では92.3%、政令指定都市では89.4%、市区町村では62.8%、合計で68.3%です。2015年調査の66.0%から2.3ポイント増加しています。問題は、期間を限定された指定管理者による雇用では、生活できる賃金が得られないことが多く、地方自治体が地域の労働条件を低くとどめる役割を果たしてしまっていることです。

(10)　個人情報保護

　個人情報保護への配慮規定は、9割以上の施設で選定の時や協定に際して提示されています。都道府県では100.0%、政令指定都市では99.9%、市区町村では96.5%、合計97.2%です。2015年調査の96.4%から0.8ポイント増加しています。

3　指定管理者制度の問題点

　公の施設の指定管理者制度は実際に各地で運用されていますが、この制度には次のような基本的な問題があります。このような問題点は、ある公の施設について地方自治体として指定管理者制度を採用しようとする場合には、その前に必ず検討されるべきです。また結論として公の施設の指定管理者制度を採用するときでも、設置に関する条例・規則や自治体と管理者との間の協定書等の中で、注意を払わなければならない点でもあります。そのような問題点を四つほどあげます。

(1)　公の施設がビジネスの道具に

　第一の問題点は、住民の福祉の増進のために住民の平等な利用を保障するという公の施設の本来の趣旨から考えて、公の施設が一部企業の収益の道具とされること自体が、本来の趣旨と異なるのではないかという点です。

　かつて日経BP社の「パブリックビジネス・リポート」では、このようなレポートを参照する企業のために、「指定管理者制度で儲けるための三つのコツ」として、「企業連合作りを急げ。パートナーがいなければ人材派遣を活用する手も」、「観光施設の管理は料金規定の事前チェックが重要」などと書いていました。たとえば公共的ロープウェイの乗車料金のような利用料金について、条例上の定めがあると自由に値上げできなくて儲けにくいので、条例上で規定されていないかよくチェックしてから指定管理者制度に応募せよ、ということです。

　本来は公の財政でつくった施設であり、住民のために、高い利用料金を払える人もそうでない人も含めて、みんなが等しく平等に利用できるために公の施設というものを地方自治体が設置していたはずです。それがお金儲けの道具になること自体が大きな問題です。

(2)　住民サービス低下のおそれ

　住民サービスは絶えず低下のおそれにさらされます。いくつかの角度から説明します。

①営利を目的とする社団法人としての会社

　会社は営利を目的とする社団法人ですから、営利企業が指定管理者になり、ある施設を管理して、たとえば4月1日から翌年の3月末までで1000万円の経費を使ったとしたら、自治体から受け取る委託料と利用料収入の合計が1000万円であれば、粗利はゼロです。これでは利益はあがらず、株主への利益配当もできませんから、営利企業はこの

ような仕事は絶対にしません。利益があがらない事業をすれば、株主代表訴訟で訴えられてしまいます。これに対し、地方自治体や、営利を目的としない財団や公社などの公共的団体が管理をすれば、利益をあげる必要はありません。したがって、同じ労働条件で人を雇用している限りは、利益を考えなくてよい分だけ、地方自治体や公的団体による管理の方が、住民サービスに経費を用いることができます。

②管理者の収益志向

　営利企業による管理の質は、地方自治体によるときと同一ではあり得ません。たとえば体育館やプールのようなスポーツ施設を営利事業として行うには、需要が多い時間帯は高い料金で、そうでない時間帯は低い料金で利用する方向に向かいます。しかし、社会教育施設としてのスポーツ施設は、だれもが健康に汗を流すことができ、スポーツにより健康を維持する権利が保障されるための施設で、勤労者や障害者が利用しにくくなるような料金設定は問題でしょう。

③住民の投下資本による管理者の収益

　管理者たる企業が設備投資することが不要で収益をあげることが、住民にとってどういう問題かも大事な点です。経済界のある研究会は、企業に対して「このビジネスチャンスは設備投資不要です」ということをPRしてきました。企業は、もともとは住民が納めた税金で整備した公の施設について、管理者の指定を受けるだけで利益が上げられます。現在の経済社会の中で、ある施設を管理して収益をあげるには、施設を建設するための設備投資をしなければなりません。そのような設備投資をしないで、企業がリスクを負わずに儲けられることになると、だれが不利益を被るのでしょうか。財政を投じた地方自治体であり、税金を納めた住民です。公の施設を営利企業に売り渡すのがよいわけではありませんが、管理により収益をあげるのであれば、それに見合う設備投資をすべきであって、出資金なり施設の管理についての

権利金のようなものを自治体が相当額徴収しても当然であるのに、企業は投資なしで収益活動ができます。他方で、地方自治体や住民は、本来は施設のオーナーとして投資に見合う利益の配当を受けるべき立場であるのに、利益はほとんどの場合、管理者のものとなります。

④利用者・住民の参加

　利用者・住民の参加や住民のチェックの保障が欠けています。地方自治体の公共サービスは、地方議会がすべて監視することができ、議員の調査権や資料要求権も及びます。住民のために役立つ管理をしているのかどうかについて議会が監視・監督することになります。ところが営利企業が管理することになると、議会による監視が大幅に後退します。議会が監督できるということは、地方議員が住民の声を直接受けているので、住民の声が届きやすいということです。たとえば、利用料金を上げる動きになれば、議会に向けて住民が請願するなどして、それに歯止めをかけることもあり得ます。指定管理者では、そのようなことも非常にやりにくくなります。

⑤すべてのノウハウは民間事業者にあるか

　民間事業者こそノウハウを持っていて、住民サービスには民間事業者を指定管理者にした方がプラスになるという議論があります。しかし、民間事業者のノウハウは管理者に指定しなくても活用可能です。たとえば公の劇場やコンサートホールでは、実際に演奏するのは公務員が演奏するわけではなく、民間の音楽家が演奏したり劇団が上演したりします。民間事業者が持っているノウハウを地方自治体はすでに活用してきましたし、そのノウハウは民間事業者を指定管理者にしなくても活用が可能です。

　あらゆるノウハウは絶えず変化・進化するもので、ノウハウが陳腐になってしまう場合もあります。ある事業者を5年間劇場の指定管理者に指定したとしても、その管理のノウハウについて、その事業者が5

年間ずっとトップでいるという保障はありません。途中で別の新しい事業者の方がノウハウを持つようになる場合もあるし、途中でその事業者が倒産することもあり得ます。こうしたさまざまなリスクを、地方自治体が背負うことになります。

　また民間事業者のノウハウといっても、特定の事業者が全面的にベストという場合はまれです。音楽で言えば、洋楽ではA社が優れているが、邦楽ではB社が優れているということもあります。その両方を自治体や公的な団体が調整しながら管理することが住民にとってベストであるというケースがいくらでもあります。それなのにただ一社だけを指定することが、住民サービスのためになるとは、到底考えられません。

　さらに、管理者の指定は実際には困難で、ある体育館や劇場の管理者について4〜5社から応募や提案書が来たとき、どれか一つに決めなければならないと言われても困るのが実際です。大きな企業ほど、プロのコンサルタントに何百万円も料金を支払って美しい提案文書を出すことができます。はたして、誇大広告でないか、住民サービスにとってよいか、何年にもわたり管理や収益を独占する一つの会社を選ぶことが、地方自治体に可能でしょうか。

⑥住民サービスの上で生じた問題

　住民サービス上の問題は、数多く報道されてきました。

　横浜市では、救急医療センターの指定管理者候補として病院協会が決定され、医師会が協力してきた救急医療財団がはずれました。その結果、深夜帯の診療をとりやめ、開業医も診療する夕方の時間帯に診療することを打ち出し、医師会側が反発し、派遣への協力を拒否する事態になりました[*1]。

　奈良県野迫川村では、村観光開発公社が運営してきたホテルについて、指定管理者として大手アウトソーシング会社大新東を指定しまし

た。同社はホテル名を変え、薬膳料理と薬湯を売り物にするとともに、パートを含む従業員 11 人を 5 人に減らし、コスト削減を実行してきましたが、常連客が薬膳料理を敬遠し、年間 5000 人余りだった宿泊客が半分以下に落ち込み、日帰り客も減り、ついに同社は期間を残して撤退し、村観光開発公社が管理を引き継いで再建をはかりました[*2]。

　2006 年 7 月、その年 4 月に上越市の光ヶ原高原牧場など三施設の指定管理者になったばかりだった「新井リゾートマネジメント」は、資金繰りが悪化し、会社を解散することになりました。上越市は条例を改正して施設を直営に切り替えましたが、それまで約 1 か月間管理者は不在でした。指定業務は順調でもスキー場やホテルなどの本業が豪雪の影響などで不振となり、事業が継続できなくなったものです。光ヶ原高原牧場は数百円の入園料で放牧された動物と触れあえる施設でしたが、約 60 頭の動物や子ども向け木製遊具はすべて指定管理者側の所有物で、市の直営になったことで動物は姿を消し、遊具にも「使用禁止」の札がはられ、市に残されたのは食堂の建物本体やイス、テーブルなどだけで、牧場は動物のいない無料の公園となり、食堂や売店は単なる「休憩所」となってしまいました[*3]。

　愛知県蒲郡市では市民会館の指定管理者であった舞台装置管理会社が資金繰りの悪化から破綻し、空調、清掃業者などへの未払いが生じ、管理者としての指定が取消されました。翌日から市の直営とされたため、会館利用に支障は出ませんでしたが、業務が行われない月の委託料も先払いしていたため、1600 万円もの債権の回収の見込みが立たなくなりました。選定時に示された財務諸表では数百万円の黒字とされており、財務諸表のチェックだけではこうした事態は防げません[*4]。

　北海道帯広市の児童保育センターの指定管理者「こばと託児所」は、業績の悪化を理由に 2006 年 12 月分の職員の給料と賞与の不払いを生じ、市は指定を取消していったん市直営に戻しました[*5]。

2007年8月には指定管理者「NPO法人ヘルシーサポートいずも21」が管理する島根県出雲市西新町健康増進施設「出雲ゆうプラザ」のプールで小学2年生が水死する事故が起きました[6]。2009年4月、NTTファシリテイーズ・県体育協会などが指定管理者である静岡県草薙体育館のバスケットゴールが落ちて男性会社員が死亡する事故が起きました[7]。静岡県立三ヶ日青年の家では小学館集英社プロダクションが指定管理者となり、初めて青年の家のモーターボートで野外活動授業の生徒を乗せたボートをえい航している途中で転覆させ、船内に閉じ込められた生徒が死亡する事故が起きました[8]。

(3)　特定事業者との癒着のおそれ

　公の施設の指定管理者制度は、契約と違って行政処分の形を取るため、兼業禁止についての地方自治法上の規定の対象とはなりません。そこで、地方自治体の首長や議員たちと、企業との間に癒着が生じるおそれが大きくなります。自治体当局が何を決め手にして選考を進めるのかということを事前に情報としてつかんでおけば、それに合う提案書を整えることができ、指定を受ける上できわめて有利になります。その中で大きな利益を上げていけば、政治献金などで、もとが取れます。

　ビジネスチャンスを狙う企業と行政との癒着・不正・口利きの温床となるおそれは大きいといわなければなりません。東京・足立区では公の施設の管理者として、株主に議員などの関係者が並ぶ企業が指定を受け、財政投入などで批判を受けました[9]。

　東京都板橋区では、多くの体育施設の指定管理者に指定されたコナミスポーツのPRビデオに、区教育委員会の幹部が登場し、結果的に大企業による体育施設の運営をPRするために利用されており、問題となりました[10]。

東京・国分寺市では、12か所の市営駐車場の指定管理者を選定する過程で、市議会副議長が、応募業者の代表者を選定委員長である市の政策部長に紹介し、市長や政策部長がJR東日本本社を訪問する際にこの業者の代表者が同席したことが問題とされ、政治倫理審査会に調査請求がされました。結局、管理者は他の業者に指定されましたが、政策部長は管理者選定でこの業者に最も高い点数を与えていました[*11]。

(4)　雇用問題発生のおそれ

　指定管理者制度は、たえず雇用問題を発生させる仕組みになっています。

①公共的団体が管理してきた施設

　すでに公共的団体に対して管理を委託されていた公の施設について、他の事業者が管理者に指定されれば、財団、公団、公社、第三セクターなど、公の施設を管理することに事業の目的を特化している公的団体は、唯一の事業が消滅することになり、組織の大幅な縮小がされたり、場合によっては解散になります。すると、それまで公の施設の管理をしていた団体においては、全員解雇になるおそれがあります。実際にそういう問題も起きました。

②自治体の直営から指定管理者へ

　これまでは委託をされないで自治体の直営とされていた公の施設について、新たに指定管理者制度を導入すると、それまで自治体の職員としてその施設の管理を担ってきた方たちについては、異動などの雇用問題が起きます。通常は、正規の職員については異動が検討され、異職種への異動も起きます。臨時・非常勤職員については解雇問題が起きます。

③いったん指定された期間の満了の際に

　ひとたび管理者に指定された団体や企業においても、必ず雇用問題

が起きます。管理者の指定は期間を定めて行わなければならないわけですから、定められた期限が来たときに、つぎの期間も管理者として更新されて指定される保障はまったくありません。期間が経過して指定から外れたときには、それまで公の施設の管理者として指定されその業務のために雇用してきた労働者に対して、このたび指定から外れ業務が減るので解雇するということになります。このように、いったん管理者として指定された企業でも、期間が来たら必ず解雇を含む雇用問題が起きます。解雇を避けるために賃金を半分にしてワークシェアリングをするなど、大幅な労働条件切り下げにより乗り切ろうとすることになることもあるでしょう。

④雇用問題が避けられない制度

もとからやっていた公共的団体でも、管理者として一旦指定されたところでも、直営の本体の公務員職場でも、二重三重に雇用問題が起きることが避けられません。このように、指定管理者制度は、民間事業者の経営努力や、複数の事業者による競争によって公の施設の管理がよくなるかのようにPRされていますが、その実態は、公の施設の管理を担う人、働き手の雇用や労働条件を著しく不安定にすることにより、民間事業者が収益をあげていく仕組みになっています。

⑤雇用問題の例

山梨県の丘の公園では、丘の公園公社という公的団体が管理をしてきました。ところが別の企業が管理者として指定され、公社については解散されることになり、職員の解雇が問題となりました。最終的には、雇用を確保するように、指定管理者の「選定」要件（応募条件）に「雇用」問題の明文規定を盛り込むことになり、「新たな指定管理者の選定の中に希望する者の雇用を引き継ぐ』ことが確認されました[12]。

今後も、乱暴なやり方で指定管理者制度を運用するところがあれば、同じような問題が起きるでしょう。

東京都中野区の保育所の指定管理者制度導入では、一部に公の施設の指定管理者制度を導入することとなり、すべての園の非常勤保育士29 名について職の廃止を理由として雇い止めとなりました。東京地裁に裁判が起こされ、保育士への損害賠償を命じる判決が下されました（東京地裁平成 18 年 6 月 8 日判決、東京高裁平成 19 年 11 月 28 日判決）。

　指定管理者制度を導入することによって解雇問題のような深刻な紛争を起こすことは、地域住民の福祉に奉仕すべき地方自治体がやるべきことではありませんし、裁判例としても雇用問題について損害賠償を認める判断が下される例はあり得るでしょう。

4　発生する問題の根本問題と総務省の対応

(1)　公の施設の指定管理者制度の根本問題

　公の施設の指定管理者制度をめぐっては、多くの問題が生じてきました。こうした問題の根本には、経費が削減され、物的経費は圧迫されますが、あまり小さくならず、委託先の利益を確保する分だけ人的経費が削減される、という基本的な問題があります。委託先が利益を確保し、施設を運営する地方自治体の住民福祉とは無縁の、本社への上納や株主への配当や他の事業の穴埋めや投資にまわります。この一方で、サービス水準の低下や人件費の圧迫が生じています。

(2)　総務省「指定管理者制度の運用について」

　総務省も公の施設の指定管理者をめぐる問題を重視せざるを得ず、通達を出したり、実態調査をするようになりました。比較的体系的なものは、総務省自治行政局長「指定管理者制度の運用について」（2010年 12 月 28 日）です。この通達は指定管理者制度について、「多様化

する住民ニーズへの効果的、効率的な対応に寄与してきた」としつつ「留意すべき点も明らかになってきた」とし、次の諸点をあげています。発生していた諸問題について、相当程度盛り込んでおり、こうした点を参考にして、紹介した3年ごとの実態調査も行われていますが、制度の根本的な問題には踏み込んでいないし、制度改革の方向性はみえません。

- ・個々の施設に対し、指定管理者制度を導入するかしないかを含め、幅広く地方公共団体の自主性に委ねる。
- ・公共サービスの水準の確保という要請を果たす最も適切なサービスの提供者を、議会の議決を経て指定するものであり、単なる価格競争による入札とは異なる。
- ・指定期間について法令上具体的な定めはなく、各地方公共団体が施設の設置目的や実情等を踏まえて指定期間を定める。
- ・複数の申請者に事業計画書を提出させることは望ましいが、同一事業者の再指定も可能である。
- ・住民の安全確保への配慮が必要であり、体制、リスク分担、損害賠償責任保険等の加入等の協定が望ましい。
- ・指定管理者が労働法令を遵守することは当然である。
- ・個人情報保護への配慮が必要である。
- ・指定期間が複数年度にわたり、かつ、地方公共団体から指定管理者に対して委託料を支出することが確実に見込まれる場合には、債務負担行為を設定する。

(3)　片山総務大臣のコメント

当時の片山善博総務大臣は、閣議後の記者会見（2011年1月5日）で、この通達の趣旨について、次のように述べました。

「指定管理者制度が導入されてから今日までの自治体のこの制度の利

用の状況を見てみますと、コストカットのツールとして使ってきた嫌いがあります」「本来、指定管理になじまないような施設についてまで、指定管理の波が押し寄せて、現れてしまっているという。そういうことを懸念していた」「例えば、公共図書館とか、まして学校図書館なんかは、指定管理になじまない……やはり、きちっと行政がちゃんと直営で、スタッフを配置して運営すべきだ」「結果として官製ワーキングプアというものを随分生んでしまっている」「自治体は……地元の企業の皆さんに対しては、正規社員を増やしてくださいということをよく働き掛ける……当の自治体が、自ら内部では非正規化をどんどん進めて、なおかつ、アウトソースを通じて官製ワーキングプアを大量に作ってしまったという、そのやはり自覚と反省は必要だろう」。

5　最近も続く問題

　その後も、公の施設の指定管理者制度をめぐる問題は次々とあらわれています。

(1)　サービスの質の問題を生じた事例
　総務省の通達の後も、サービスの質の問題を生じた事例として、事故も起きています。

　愛知県稲沢市祖父江町の県営木曽川祖父江緑地で、丸太の木製遊具で遊んでいた兵庫県川西市の小学2年生の男児が、2013年3月27日、足を踏み外して転倒し、丸太から出ていたボルトで頭を打ち、頭蓋骨を陥没骨折する全治1年の重傷を負いました。指定管理者の企業はこの箇所を点検しておらず、県も点検されていないことに気づいていませんでした*13。

　指定が取り消された例として、2013年2月1日、日光市は国民宿舎

かじか荘などを運営する「有限会社 E&KS 共和国」について、指定管理者の指定を取り消しました。理由は「平成 20 年度以降、市に対する事業実績報告にあたり、法人の虚偽の決算書を添付して報告したため」とされています。

2013 年、岩国市の複合市民施設「サンライフ岩国」の指定管理者であった「錦帯橋鵜飼株式会社」は、会社本体の事業の継続が難しくなったため、指定管理業務についても継続できなくなり、岩国市が指定を取り消しました（岩国市議会経済常任委員会）。

沖縄県浦添市では、指定管理者が、市内公園のうち、傾斜地や植栽帯などの草刈機での作業が困難であると判断した箇所について、除草剤（グリホエース）の散布を行いましたが、散布前の市との協議や、周辺への事前周知や、散布前後の侵入防止等措置が十分に取られていませんでした。除草剤が散布されていた公園については、安全が確認されるまでの間、ロープ等による侵入防止措置が施されました。散布現場における土壌汚染等の影響についての調査も必要となっています（浦添市、2018 年 11 月 16 日）。

北海道歌志内市では、「かもい岳スキー場」が、指定管理者が決まらないため、休止に追い込まれました*14。

鳥取県江府町では「奥大山スキー場」で、指定管理者として応募事業者が撤退する問題が生じました*15。

(2)　行政と事業者との癒着

行政と事業者との癒着の問題も、後を絶ちません。千葉県浦安市では、文部科学省が所管する財団法人の主任専門委員が、指定管理者としての運営能力の評価に関わった市の外郭団体から、「助言料」として、4 年間で合計数百万円を受け取っていたことがわかりました。評価される側から金を受け取っていたことになり、財団法人側は「公正性に

疑念を抱かれる」として、評価業務を中断しました*16。

　神奈川県川崎市では、市営霊園の指定管理者の選定にあたった民間活用推進委員会の委員1人が、墓園管理などを業務とする会社の代表取締役を務めており、その前任者が応募した団体の役員で、密接な関係があったことが判明し、市が調査する事態になりました*17。

(3)　雇用問題

　愛媛県西条市立周桑病院では、2010年4月に指定管理者制度が導入され、職員について、民間の整理解雇にあたる分限免職処分がなされ、これを違法と争った裁判について、裁判所は、請求を棄却しています（松山地裁・平成26年2月27日判決）。

　ただしこの判決は、整理免職が必要な場合でもどのような処分を行うかは「任命権者にある程度の裁量権は認められるけれども、もとよりその純然たる自由裁量にゆだねられているものではなく、分限制度の上記目的と関係のない目的や動機に基づいて分限処分をすることが許されないのはもちろん、考慮すべき事項を考慮せず、考慮すべきでない事項を考慮して判断するとか、また、その判断が合理性をもつ判断として許容される限度を超えた不当なものであるときは、裁量権の行使を誤ったものとして、当該分限処分は違法のものであることを免れない」とした上で、「本件各処分は、被告の市長部局への任用を予定してなされ、実際にも、原告らは、分限免職処分の効果が生じた翌日に被告の市長部局に任用されている。このように、本件各処分は、市長部局での任用と一体としてなされたものである点で、その実質は、降任に近いものということができ、公務員としての地位を失わせる通常の分限免職処分とは異なる」と理由で述べています。指定管理者制度への移行にともなう職員の分限免職処分が有効とされるためには、代替の職を提示するなど、相当な回避努力が課せられています。

6　指定管理者制度の根本問題は解消していない

　総務省の留意点の通達があっても、指定管理者制度の問題事例は、次々とあらわれてきていますし、直営に戻す例も出てきています。住民の福祉を増進するための公の施設を舞台にして、収益をあげ、その一方ではたらき手の労働条件や経費を圧迫する、というこの制度の根本に矛盾があるといえます。

　このように、公の施設の指定管理者制度は、住民サービスの観点からも住民と担い手の権利保障の上でも、望ましいものではありません。地方自治体の自主的な判断で、直営を選択することも、十分に検討されるべきです。

　とくに、保育・福祉・医療・教育など「人」による福祉サービスは、担い手の質が公共サービスの質を決定します。このようなサービスの担い手の質が重視されるべき施設については、指定管理者制度の採用はすべきではありません。

　指定管理者制度への移行が余儀なく、あるいはすでに採用されている場合は、運用上の歯止めを設けなければなりません。次の諸点について、問題を起こさないための条例・協定上の手当が必要です。

　①募集方法は公募に限られない。②管理者のみたすべき基準を示す。③期間の定めは公共的団体については長期とする。④委託料はサービスの質と担い手の処遇を保障できる水準にする。⑤指定管理者の関係者と行政関係者との関係について兼業禁止等で透明性を維持する。⑥情報公開・個人情報保護・住民参加を保障する。⑦問題の発生時に指定を取消す。⑧はたらき手の雇用問題を防止する（賃金単価基準等）。

注

1　『神奈川新聞』2006 年 2 月 7 日付。

2　『朝日新聞』奈良版、2006 年 2 月 22 日付。

3　『上越タイムス』2006 年 7 月 11 日付、『読売新聞』2006 年 8 月 17 日付。

4　『中日新聞』2006 年 12 月 7 日付。

5　『北海道新聞』2006 年 12 月 30 日付。

6　『朝日新聞』2009 年 1 月 16 日付。

7　『毎日新聞』2009 年 4 月 17 日付。

8　『毎日新聞』2010 年 6 月 20 日付。

9　『東京新聞』2005 年 5 月 2 日付。

10　『東京新聞』2005 年 11 月 21 日付。

11　『読売新聞』多摩版、2005 年 12 月 21 日付。

12　地域協働型マネジメント研究会編『指定管理者制度ハンドブック』ぎょうせい、2004 年、100 頁。

13　「共同通信」2013 年 4 月 3 日配信。

14　『北海道新聞』2019 年 2 月 21 日付。

15　『山陰中央新聞』2019 年 3 月 5 日付。

16　『朝日新聞』2011 年 6 月 15 日配信。

17　『神奈川新聞』2013 年 12 月 20 日配信。

Ⅳ

地方独立行政法人

1 地方独立行政法人の特徴

　地方独立行政法人法は、2003 年に制定されました。これまで自治体が担っていた事務事業を担う組織をまるごと地方自治体から切り離して別組織とするという法律です。対象事業として、地方公営企業法が適用される公立病院、交通や水道等の事業にくわえ、社会福祉事業や試験研究機関、公立大学が想定されています。

　地方独立行政法人の財産的基礎は、地方自治体の出資と交付金です。公立大学であれば、それまでの校舎は、自治体から地方独立行政法人に出資をされ、自治体の交付金によって財政をまかなっていくので、地方自治体が直営でやっているときとどこが違うのか見えにくく、組織変更のようなものだと誤解されることもあるようです。

　しかし、その正体は、独立採算を要求して、サービスの引き下げや職員の勤務条件の引き下げをするところにあります。現実に地方独立行政法人への交付金は、毎年決まった割合で削減されてきています。少ないお金で運営してみろと次第に地方自治体が拠出するお金を減らしていくところに、地方独立行政法人制度の特徴があります。法人は経営に傾斜せざるをえなくなり、住民に対するサービスを引き下げたり、労働条件を引き下げたりすることになります。

　これまで自治体が公共的責任を持ってやってきた収益性の乏しい住民サービスは、住民サービスを切り捨てるか、あるいは利用料金を高くするなどの方法で著しく住民サービスが低下することになるのは間違いありませんし、自治体に働く人の権利保障の点でも大きな問題があります。

2 制度の仕組み

(1) 目的は事業の減量

　法律でこの制度の目的は、公共上の見地から行う事務及び事業の確実な実施を図り、住民の生活の安定並びに地域社会及び地域経済の健全な発展に資することだとされます（地方独立行政法人法1条）。

　しかし、これは看板に偽りありです。これまでの住民サービスを確実に実施をするための条文というのは、この法律のどこを見ても全くありません。実は、地方独立行政法人制度を創設する前の総務省研究会報告書の中では、はっきりと「実施部門のうち事務事業の垂直的減量を推進する」ために必要なのだと書いてありました。事務事業の「減量」です。

　地方自治体が担当していた事務・事業を地方独立法人にやらせ、地方独立法人が担当するうちに、「採算がとれない」ということになれば切り捨てて、結局全体として、住民サービスや福祉のための仕事を減量していくための、機動的戦略的に対応するためのツール、道具であるとうたっていました。「機動的」に対応するとは、部局の編成、労働条件、利用料金など、地方自治体が担当していれば地方議会で審議や議決が必要な合理化策も、密室の地方独立行政法人理事会の決定によって迅速に、住民の反対の声などを気にしないで実行できるということです。これが地方独立行政法人制度の本当の目的です。

(2) 地方独立行政法人とは

　地方独立行政法人とは、「住民の生活並びに地域社会及び地域経済の安定等の公共上の見地からその地域において確実に実施されることが必要な事務及び事業」のうち「地方公共団体が自ら主体となって直接

に実施する必要のないもの」で、「民間の主体に委ねた場合には必ずしも実施されないおそれがあるものと地方公共団体が認めるもの」を担うこととし、それを「効率的かつ効果的に行わせることを目的として」地方公共団体が設立する法人（2条）とされています。

　許認可権限のように地方自治体や公権力が直接やらなければならないもの以外で、民間企業には委ねにくい事業を地方独立行政法人にやらせるということです。収益性の見込めるものについては民間企業が参入をしてくるということがありますが、地方自治体が今担っている仕事は、必ずしも民間企業が喜んで参入してくる仕事だけではありません。営利企業がただちに参入することは容易でない事業が、主として想定されています。

　いかなる仕事が地方独立行政法人にやらせるにふさわしいのかということについては、地方自治体ごとに異なります。たとえば水道であれば、人口が非常に稠密で限られた水道施設によって多数の利用者に供給をできるような地域では、収益性があるとして営利企業が参入をはかろうとすると思われます。しかし、山間地域など必要な設備の割に収益性が乏しい場合には、採算性が乏しいことになります。このように、同じ種類・性質の事務事業であっても、地方自治体の実情により事情が異なることになるでしょう。

　地方独立行政法人法は、どの事務事業について民間企業にやらせ、どの部分について地方独立行政法人の形態をとるのかについては、地方自治体ごとに実情に応じて選ぶこととされています。したがって、地方独立行政法人化が問題となった事務事業部門については、それが地域で果たしている住民にとっての役割について、あらためて整理をし、地方自治体として責任をはたしていく必要性を明らかにし、住民の間でも地方議会でも合意を形成していくことが、大切になってきます。

「特定地方独立行政法人」というものを設けて、この職員については地方公務員の身分が与えられます。しかし、地方公務員の身分があるからそれまで通りであるということではなく、実際には、この地方公務員の身分というのは独立法人への移行を円滑にするための便法にすぎません。公務員の身分があったとしても、経営事情に基づいて給与の引き下げなどが行われる制度になることは全く変わりがありません。したがって、公務員の身分が残るから従前と同じだというものではありません。

(3)　業務の公共性、透明性および自主性

　地方独立行政法人は「公共上の見地から」「適正かつ効率的にその業務を運営するよう努め」るとした上、「その業務の内容を公表すること」や「業務運営における自主性」への配慮をするとされています（3条）。

　情報公開については、このような抽象的な努力規定があるだけで、どの分野について情報公開をするかということについてはあいまいです。法律上は、ごく限られたものしか情報公開が義務づけられていません。

　住民監査請求も及ばないし、住民参加によって民主的なコントロールをすることもできないし、地方議会の関与は著しく限定されます。これまで地方自治体では、市民オンブズマン活動などで行政の不正をただす成果があがることもありましたが、地方独立行政法人は、新しい伏魔殿的な、住民の監視、コントロールの及ばない組織となるおそれも十分にあります。

　中期目標など地方独立行政法人の活動の概要は公表を義務づけられています。また、特に具体的に公表が義務づけられていて目を引くのは、職員の給与等の労働条件です。職員と住民との間で対立をさせて

いく意図でしょう。

(4) 財産的基礎・設立・財源措置

　財産的基礎は地方自治体が出資し（6条）、設立は地方自治体が条例で決め（7条）、財源措置は原則として地方自治体の交付金であるとされます（42条）。財政面は、原則として地方自治体からの交付金で賄われることになっています。地方独立行政法人については、「独立」とはいっても、原則としてお金は地方自治体から交付されることになります。

(5) 役員及び職員

　理事長は「当該地方独立行政法人が行う事務及び事業を適正かつ効率的に運営することができる者」から、監事は「監査に関する実務に精通している者」から「設立団体の長が任命する」とされ、任期は4年以内の定款で定める期間であり、理事と職員は理事長が任命するとされます（12〜20条）。

　役員のうち理事長は地方自治体の首長によって選任され、人事に地方自治体の議会が関与しません。理事長を任命する際の条件もあいまいです。

　理事長が選任をした役員によって地方自治体のお金で運営され、ほとんど地方自治体の一部門であったときと同じだけ地方自治体の首長の指揮・監督・命令が及び、議会の関与が乏しい中で首長の意のままに運営されるおそれがあります。「独立」は実は、収益や採算面での「独立」が中心です。

(6) 業務運営

　「業務運営」についても規定があります（21条〜31条）。

業務の範囲は、試験研究、大学の設置及び管理、地方公営企業法適用八事業（水道、工業用水道、軌道、自動車運送、鉄道、電気、ガス、病院）、社会福祉事業、公共施設の設置管理などがあげられています。

　「公共施設の設置管理」があり、ほとんどの職場が公共施設の設置管理には関わっていますので、政令や地方自治体の条例で地方独立法人化される範囲が広げられるおそれもあります。

　業務の方法については、議会の関与が弱められています。議会が関与をするのは、3年から5年の間に一度決める中期目標が中心です。毎年の活動状況についての議会審議もなければ、さまざまな人事についても、もっぱら独立行政法人の長がやれることになっています。

　問題なのは、「中期目標期間の終了時の検討」（31条）の規定です。中期目標期間が終わるごとに、地方独立行政法人の「業務を継続させる必要性」や「組織の在り方」など「全般にわたる検討」を行って「所要の措置を講ずる」とされており、「効率性」が悪いなどの理由で業務を継続させる必要性がないと判断されれば組織の廃止という「措置」を講ずることが想定されています。

　地方自治体による住民サービスを、組織まるごとつぶすことも可能にする仕組みになっています。

(7)　財務及び会計

　「財務及び会計」については、利益・損失の処理などが決められています（32条〜46条）。利益が出れば積立金とすることができ、損失が出れば欠損にしますけれども、首長の承認があれば、剰余金の使い道を中期計画で決めて使うこともできることになっています。

(8)　人事管理

　地方独立行政法人で働く人の「人事管理」について、先ほどもふれ

た通り、役員の報酬や職員の給与・手当は、支給基準を定めて、設立団体の長に届け出て、公表することとされています（47条〜58条）。

その際、地方独立行政法人の業務の実績などを考慮して定めなければならないとされます。現行の地方公務員法や地方公営企業法は職員の「生計費」や「職務に必要とされる技能、職務遂行の困難度等」を考慮することとされていますが、地方独立行政法人法ではこれらの文言が削除されています。職員の生計費や職務に必要な技能、職務の困難度は給与を定める上で大きな要素であるべきですし、対象事業の「実績」は本来効率や収益だけでは測れないのですから、この規定は問題です。

住民サービスとしてこれまで地方自治体が行ってきた事務事業の中で、収益性の乏しいものは、業務の実績が悪いということで、人件費が引き下げられることもあり得る仕組みになっており、職員の勤務条件は著しく不安定なものになってしまうおそれがあります。

(9) 地方独立行政法人への移行に伴う措置

「地方独立行政法人への移行に伴う措置」という一連の条文も問題です（59条〜67条）。地方自治体がそれまで行っていた業務を地方独立行政法人に移管して引き続いて行うときには、「担当する業務を行うもののうち条例で決めた職員は、別に辞令を発せられない限り地方独立行政法人の職員となる」とされます。

ある分野、例えば公共的施設の管理をする公民館、保育園や特養ホームなどを地方自治体が持っており、条例でこの部門についてはある年の4月1日をもって地方独立行政法人にするということを決め、その4月1日が来ると、それまで地方公務員であった人が、法律と条例によって当然に、地方独立行政法人の職員になるという仕組みになっています。

公務員がこのように法律と条例によって、突然ある日から別団体の労働者に変わってしまうという法律は、おそらく他に例がありません。この法律はきわめて不思議な構造をしています。これまで公務員の身分というのは、任用という行政行為によって発生するとされていましたが、それはあくまでその任用を受けて働く旨の労働者の側の意思があることが前提でした。また私法関係と公法関係は峻別され公務員と民間は全く違うのだというのがこれまでの建前だとされていました。

　ところがこの法律によると、地方自治体の公務員として任用辞令を受けていた人が、条例で「いついつからどこどこ職場は地方独立行政法人」と決めさえすれば、いきなり労働者が契約書に署名をしたり同意したりすることもないままに、地方自治体とは別の団体の労働者にされると読める規定になっています。きわめて御都合主義的な仕組みです。

　この法律には組合の取り扱いについてまで書いてあります。過半数の組合員が公務員型の地方独立行政法人に行くときは、地方公営企業等労働関係法適用組合に自動的になり、一般の非公務員型の地方独立行政法人に移管される場合には、職員団体は労働組合法上の民間の労働組合になるとされます。組合のあり方についてまで自動的に変化します。法人格のあるものは、地方独立行政法人が成立してから60日過ぎるより前に労働委員会の証明を受けて登記をしなければ解散になります。

(10)　その他

　「公立大学法人」については、学長任期や中期目標期間について特例があります。「公営企業型地方独立行政法人」については、独立採算性の建前が貫徹し、一部の例外を除いては原則として地方自治体から資金を受けることができない仕組みになっています。

違法行為をとめるためのさまざまな権限は、評価委員会や地方自治体の首長にしかなく、住民が監査請求などによって違法行為を是正するという道がありません（89条）。

また、地方独立行政法人は、設立団体の議決を経て解散できることになっています（92条）。地方独立行政法人化を法律や条例によって行い、しばらく事業を行った後で、「おたくは採算が悪い」と言って、解散して取りつぶしにするということまでできるのです。まさに、事務事業の確実な実施のための法律ではなくて、地方自治体の事業と住民サービスの切り捨て、組織まるごとの取りつぶしのできる制度です。

3　地方独立行政法人の問題点

地方独立行政法人の問題点をあらためて4点にわたり整理します。

(1)　住民サービス後退のおそれ

第一に、住民サービスが後退させられるおそれがあります。これまで自治体によって行われてきた事務事業が、採算の面で独立した法人に移管し、公共的責任が明確でなくなります。

事務事業自体が切り捨てられるおそれも大きいし、経営効率だけが強調され、住民サービスの後退や利用料負担の増加などがもたらされるおそれが極めて大きいものです。

しかも、独立行政法人の運営は理事長の裁量が極めて大きく、議会の監視も届かないし、住民の意見が直接及ばないことになっており、新たな利権が培養されるおそれも極めて大きいものがあります。

(2)　住民自治・住民参加の後退

第二に、住民自治・住民参加の後退のおそれがあります。情報公開条

例が制定され、活用され、あるいは住民監査請求や市民オンブズマン活動が活発に行われて、さまざまな成果を上げてきたところです。しかし、もし地方自治体の事務が次々と地方独立行政法人に移管されれば、情報公開が細部まで義務づけられるかどうかは地方自治体の取り組みいかんにかかってくることになります。現行の情報公開条例が適用されないことになれば、市民オンブズマン活動や、住民自治・住民参加も大きく後退するおそれがあります。役員にとって都合のいい情報だけが公開されたり、職員の給与引き下げに都合のいい情報だけが公開されるおそれもあります。

　評価委員は地方自治体の長が任命をします。地方独立行政法人の理事長も、地方自治体の首長が任命し、評価委員会も首長が任命するということですから、評価委員会が、地方自治体の首長から独立した厳しい立場で監視やチェックをしてくれる保障はありません。

(3)　議会の関与の後退・空洞化

　第三に、議会の関与が極めて後退・空洞化します。これまで地方自治体の仕事についてあった議決権、検査権、監査請求権など地方議会が持っている執行機関に対する監視権能が、地方独立行政法人については大きく後退します。

　この点について総務省の研究会報告書（2002 年 8 月）は、「地方自治体の議会の詳細な事前関与があると地方独立行政法人を導入する意義がない」のだということまで書いていました。議会制民主主義を敵視する仕組みだといえます。

(4)　自治体労働者の身分保障と権利の剥奪

　第四に、自治体労働者の身分保障と権利が剥奪されるということです。独立性というのは、自治体労働者の権利の制限のために形式的に

設けられただけで、民間企業で用いられてきた分社化リストラと同じ利用のされ方をするおそれがあります。

　条例によって一定の移管の期日に当然に職員の身分も移行し、自治体労働者の意思が考慮される保障がありません。民間の労働契約では、原則として使用者たる地位を勝手に人に譲渡したりしてはならない、働く人本人の同意がなければ労働契約を売り買いできないことになっているわけですから、それと比べても著しい不均衡です。

　地方独立行政法人に移管すると、試験研究や教育、水道や交通、社会福祉や図書館・公民館・体育施設などの公共施設管理など、住民サービスや住民の福祉に関する事業について、法人としての採算や経営上の業績のみが強調され、それを理由にして賃金が引き下げられるおそれが大きいものです。

　民間の労働組合法が適用になれば、団結権、団交権、争議権などの労働基本権が保障されることになるでしょうが、職場自体の業績が悪い、採算がとれないのだという理由で賃下げがはかられるときには、抵抗することがたいへん難しくなるでしょう。

　さらに大きな問題は、地方独立行政法人の解散が行われることがあり得ることで、事務事業の展開の都合や業績などを理由に解散されることになれば、職員の身分保障も一切行われないことになるおそれがあります。

　法成立の際の附帯決議（2003年7月1日、参議院総務委員会）では、「地方独立行政法人への移行等に際しては、雇用問題、労働条件について配慮し、関係職員団体又は関係労働組合と十分な意思疎通が行われるよう、必要な助言等を行うこと」「地方独立行政法人の業績評価に当たっては、財務面のみならず、住民の意見を積極的に取り入れることにより、住民の視点に立った評価制度が確立されるよう、その体制整備に努めること」などに政府は配慮すべきものとされています。こう

した視点が制度や運用に必要です。

4　窓口業務の外部委託の問題と地方独立行政法人法改正

　政府は「骨太方針」などで、窓口業務は「外部委託等が進んでいない分野」であり、「専門性は高いが定型的な業務について、官民が協力して、大胆に適正な外部委託を拡大する」として窓口業務のアウトソーシングに執念をみせてきました。

(1)　窓口業務の外部委託

　国民健康保険や年金、戸籍や住民基本台帳などは、社会保障の根幹や権利の証明に関する地方自治体の重要な職責です。そして、本人確認や、徴収の猶予・減免や親族関係をめぐる届出の受理・不受理など、それぞれの法令の趣旨に沿った専門的知識・経験を要する判断に満ちた事務です。こうした事務は専門的な職員によってこそ担い得るのであり、外部委託が「進んでいない」ことには、制度としての必然性があります。外部委託の推進は、制度の根幹をゆがめるものです。

　東京都足立区では、戸籍事務の委託について、区議会や国会での追及や住民運動により、東京法務局や東京労働局から違法性を指摘する改善指導が出され、大きく修正しました。委託先から足立区に対する毎月の報告書について、情報公開請求によって相当部分が開示されました。こうした運動は、法務省の新しい通達を引き出し、戸籍事務の委託について全国で活用できる歯止めとなっています。

(2)　2017年地方独立行政法人法改正

　2017年の地方独立行政法人法改正（2018年4月1日施行）で、地方独立行政法人が行うことのできる業務を列挙した21条（業務の範

囲）に、窓口関連業務等で「定型的なもの」が加えられました。具体的な事務は総務省令（2017年総務省令第79号）によって定められ、戸籍、住民基本台帳、マイナンバー、地方税、国民健康保険、高齢者医療、国民年金、介護保険、障害者福祉、母子保健、児童手当などの広範な窓口業務が対象にされています。

　地方独立行政法人は設立・運営・財務等に大きな事務負担があり、どの程度利用されるかは不透明です。もし使われれば、広域的地方独立行政法人が設立され、各自治体職員の専門性が低下し、窓口業務での住民相談や住民の実情の把握、他の行政部門との連携など、住民の基本的人権を守る自治体の機能が損なわれるおそれがあります。自治体職員が地方独立行政法人職員に直接の指示をすれば偽装請負となりますし、業務は非効率になり、違法行為のリスクが増します。住民の個人情報の管理や不正請求等への適正な対応も困難になります。

5　地方独立行政法人の実例

　先行して独立行政法人化された国の試験研究機関では、行政改革の方針により、中期目標期間がくるごとに、廃止の対象となるものがでて、農業者大学校などが廃止されました。独立行政法人の廃止ということは解散ということで、職員の雇用問題も大きな問題となります。国立病院の独立行政法人化については、労働条件の引き下げも許される旨の判決が出ています（東京地裁2006年12月27日判決）。このような問題は、地方独立行政法人においても危惧されます。

　このように、法律の条文だけをみると単なる組織変更のようにみえますが、病院でも試験研究機関でも大学でも、地方独立行政法人化されれば、毎年交付金が削られていき、人件費を下げずにやっていけるのかが問題となります。人件費を下げないでがんばっていたら、改革

が不十分であるとみなされて、中期目標期間が終了した時に廃止されるおそれまであります。

(1) 首都大学東京

　公立大学の地方独立行政法人化のあり方は、東京の都立四大学で大きな問題となりました。東京には、東京都立大学、都立科学技術大学、都立保健科学大学、都立短期大学の四つの都立大学がありました。2003 年 8 月 1 日、石原慎太郎東京都知事は唐突に「都立の新しい大学の構想」を発表しました。四大学の学長にさえ記者発表の直前に伝えられたもので、それまでの検討内容や教職員の参加した検討体制を無視する、大学の自治を侵すやり方でした。構想の内容としても、これまでの学問体系や蓄積を無視した学部再編や、教員への任期制・年俸制の導入などの大きな問題を含み、教職員や学生・大学院生、高校の進路指導担当者などからも批判の声があがりました。2005 年 4 月に「公立大学法人首都大学東京」に移行しました。

　移行に際し当局は教員に対して一方的に、任期制か昇給のない処遇かの選択を求めました。100 名を超える大学教員が都立四大学を去っていくことになり、都民にとっても大きな問題となりました。もともと公立大学で教員が 4、5 年で替わるとすると、入学したときの先生が大学院に進むときにはもう大学にはいないということになります。これでは、およそ責任をもって自主的に研究や教育を担う組織としては問題であることは明らかです。その後、関係者の努力により、大学関係者と東京都との関係も改善され、名称も「都立大学」に戻されることになっています。

　公立大学法人については、学問の府にふさわしい、大学の自治を尊重した運営の確立が求められます。

(2)　東京都産業技術研究所

　東京都立産業技術研究所は、中小企業の技術的支援のための試験や研究をしてきましたが、2006 年 4 月に地方独立行政法人化されました。

　これまで都内 4 か所に研究所があり、それぞれの地域に応じた技術支援業務を行ってきました。2006 年 4 月、東京都立産業技術研究所と、城東地域中小企業振興センター、城南地域中小企業振興センター、多摩中小企業振興センターの技術部門を統合し、地方独立行政法人へ移行し、地方独立行政法人東京都立産業技術研究センターが設立されました。2011 年 10 月、西が丘本部と駒沢支所を統合し、本部が江東区青海に移転しました。

(3)　大阪府立病院

　大阪府には五つの府立病院がありましたが、これが統合されて 2006 年 4 月に「地方独立行政法人大阪府立病院機構」に移行しました。病院職員のうち、医師、看護師などは、地方独立行政法人の職員に移行し、事務職は、府職員の身分を残したまま地方独立行政法人に派遣されることとなりました。

　大阪府行財政改革プログラムで「経営のいっそうの効率化」として運営負担金の見直しが打ちだされ、その年度の決算で 13 億円黒字となりました。黒字になったので良好な経営なのかというと、その内容が問題です。

　診療報酬に規定のない文書代、個室料等は、議会承認を経ず、地方独立行政法人理事会の判断で値上げが可能になり、初診料、セカンドオピニオン料、分娩料などが値上げされました。

　黒字になったとしても、こうして迅速に利用料金負担を上昇させ、採算優先の病院運営をしていくことは、公立病院のめざすべき姿とはとうてい思えません。

(4)　地方独立行政法人東京都健康長寿医療センター

　東京都老人総合研究所と老人医療センターは、2009 年に地方独立行政法人化され、地方独立行政法人東京都健康長寿医療センターとなりました。高齢者の心身の特性に応じた適切な医療の提供や、臨床医療と研究の連携、高齢者の QOL を維持・向上させるための研究を通じて、高齢者の健康増進や健康長寿の実現を目指すとされています。2013 年に改築され、病棟は地上 12 階地下 2 階となっています。

　病床数は次のように減らしてきています。まさに、すばやく「減量」してきています。

改組以前　　　　　　　　　　一般 667 床、精神 44 床

　　　　　　　　　　　　　　（予算定数は 606 床、40 床）

地方独立行政法人移行　　　一般 539 床、精神 40 床

新建物　　　　　　　　　　一般 520 床、精神 30 床

　しかも、病床のうち、差額ベッドの比率が上昇しています。最高は 2 万 6000 円の高額な差額ベッドもあり、差額ベッド数は全体の 25％ を占めるようになっています。また、他の都立病院にはない個室の入院保証金を 10 万円徴収するようになっています。一般の都民にとっては、病床数が減少した上に、負担金が増加した、「狭き」病院となっています。

(5)　東京都立病院の地方独立行政法人化問題

　2018（平成 30）年 1 月、都立病院経営委員会報告は、都立病院について地方独立行政法人への移行を検討することを提言しました。2019 年 9 月には、厚生労働省は全国の 424 の公的病院を整理すべきであると名指しし、その中には都立神経病院、都内の奥多摩、八丈、台東の各病院が含まれています。

　2019 年 12 月 3 日、小池百合子都知事は、都議会の所信表明演説で都

立病院の地方独立行政法人化を表明し、12月25日に東京都病院経営本部は「新たな病院運営改革ビジョン（素案)」*1 を公表しました。すべての都立病院と公益財団法人東京都保健衛生公社の運営する病院とをあわせて地方独立行政法人化する中身となっています。この中では「都の財政負担を軽減」（44頁）するとしており、公的病院の統廃合もねらわれる事態となっています。

　しばしばこの制度の「メリット」として、「組織・定数、人事・給与等を法人が独自に定める」ため、「適切かつ迅速な人員配置」「生産性の向上」が可能であるとか、「予算単年度主義の概念がない」ため「事業運営の機動性、弾力性が向上」であると主張されます。

　しかし、地域医療や患者の立場から、診療科の廃止や差額ベッド代など利用料金上昇は、議会での慎重な審議を経ることが必要です。複数年契約も、PFIを導入した高知医療センターでは材料費削減の効果が乏しく結局直営に戻された例もあります。

　そもそも都立病院は、憲法25条の生存権保障に立脚し、都民の「良質かつ適切な医療を効率的に提供する体制の確保」を図り都民の「健康の保持に寄与する」もので、その体制充実は都の責務です（医療法1条、1条の3)。経営優先で救急・周産期・母子・難病などの採算のとりにくい分野を縮小するようなことがあってはなりません。

注

1　http://www.metro.tokyo.jp/tosei/hodohappyo/press/2019/12/25/07.html

V
民営化の問題点と
守られるべき公共サービスの質

1　窓口業務

(1)　住民のくらしを支える大切な事務

　窓口業務というのは、法令上の用語ではなく、戸籍、住民票、地方税の証明、印鑑登録証明、など地方自治体の事務に関する役所の窓口を担当する業務のことです。

　親族関係の証明は戸籍法、居住の証明は住民基本台帳法で、それぞれ市区町村長の事務です。たとえば戸籍事務は、相続・婚姻・養親子関係などの、重大な法律関係を左右するものです。最近では、個人情報保護の重要性についての認識が広がり、また犯罪に悪用される事案が発生してこれを防止するための規制が強められたり、経済社会の国際化にともなって国際的な相続・婚姻・親子関係が増加するなど、高度化複雑化しています。戸籍事務を適正に法令にしたがって取り扱うための各市区町村長の責任はますます大きくなっています。住民票についての事務の重要性も同じです。

　窓口業務と呼ぶとき、こうした証明そのものは地方自治体の職責であるとしても、窓口での証明申請の受付や証明書の引渡は、定型的だとして民間委託することが、議論されてきました。

　行政事務の民間委託は、効率化やコスト削減などのために、推進されています。しかし戸籍、住民票、地方税、印鑑証明等は、それぞれ法令の趣旨にしたがって事務を取り扱う権限が各市区町村長とされているのであり、各地方自治体が自由な判断で民間事業者にゆだねられるものではありません。

(2)　市場化テスト法と窓口業務の民間委託

　市場化テスト法では、窓口5業務（戸籍謄本、納税証明書、住民票

の写し、戸籍の附票の写し、印鑑登録証明書）に関して、住所からの写し等の請求の受付・引渡しにつき、公務員を配置しない場合は、法に基づく市場化テストを実施する必要があるとされてきました[*1]。しかし、仮に市場化テストで受付と引渡が民間事業者に委託されることになったとしても、証明そのものを地方自治体が行う必要がある以上、事務手続きの流れはかえって煩雑になり、決して効率化は進みません。東京都足立区は、市場化テストと労働者派遣を組み合わせて一連の事務の民間委託をしようとしましたが、民間事業者が住民基本台帳等のデータベースに直接アクセスすることは想定されていない旨が総務大臣の国会答弁で確認され、実現しませんでした（2006 年 5 月 22 日参議院行政改革に関する特別委員会）。

(3) 法務省 2013 年通知

　法務省は 2013 年「戸籍事務を民間事業者に委託することが可能な業務の範囲について」を通知しました（2013 年 3 月 28 日付・法務省民事第一課長）。これは、市場化テスト法の問題の際の 2008 年 3 月 25 日付通知で、戸籍事務で民間委託ができるのは「受付」と「引渡」に限定してきたところ、内閣府からその範囲の拡大の要請を受けて、「裁量の余地がない事実行為、補助行為については、市区町村長が不測の事態等に際して、当該職員自らが臨機適切な対応を行えるなど、事務を掌握する体制が確保されていれば民間委託は可能」という趣旨が記載されていました。

　東京都足立区は、「公共サービス研究会」を開催して窓口業務の民間委託を追求してきましたが、2013 年 6 月に「第二次経営改革プラン」で戸籍事務等の民間委託の方針を打ち出し、2014 年 1 月から、受託業者を富士ゼロックスシステムサービス（株）として、戸籍事務の民間委託を開始しました。足立区の場合、委託業務の範囲は「審査・決

定等法令上自ら責任をもって行うべき業務（公権力の行使にあたるもの）を除く部分（「事実上の行為及び補助的業務」）とし、戸籍届出書受付・入力、戸籍届出書関連業務、住民異動届等の受付・入力及び関連業務、印鑑登録業務、証明発行業務（税証明を除く）、窓口案内業務、特別永住者業務、住居表示業務、手数料収納業務、その他の業務とし、区職員が常駐し、不測の事態等に臨機適切な対応をする、としていました。

しかし判断を伴う作業は地方自治体職員しかできないので、戸籍法にも労働関係法令にも抵触しない方法で民間委託をしようとすれば、住民が窓口に来てから、民間事業者の職員は、不備の指摘や説明等の多くの問題について、まず民間事業者の少数の管理者に報告し、民間事業者の少数の管理者が区職員と協議し、区職員が事態を掌握した上で判断し、民間事業者の少数の管理者を通して窓口の民間事業者職員に伝達する、という過程が必要です。これでは待ち時間短縮等の住民サービスの向上にはとうていなりません。

特に入力業務については、国会質疑でも民間事業者が担当したデータ入力について「法律に照らして正しいのかどうかは、それはもちろん区の職員が一件一件全部判断をして処理をする」とされています（2014年5月22日参議院法務委員会・法務省民事局長答弁）。

(4)　東京法務局・東京労働局の足立区への改善指導と 2015 年通知

東京都足立区の戸籍事務の民間委託については、足立区民などが「足立区政の外部委託を考える会」を立ち上げ、区内での宣伝や230名の参加する住民集会を開催するなどして、批判の声が広がりました。

足立区の戸籍事務の民間委託には、戸籍法と通達や国会答弁に照らし問題点があるとして、東京法務局から改善指導がなされました（東京法務局、2014年3月17日付）。それは、①区職員の審査前に民間事

業者が受理決定（処分行為）の入力行為を行うことになっている、②民間事業者が窓口において書類の不備等を理由として届書を受領しないで届出人を帰してしまうことは民間事業者が実質的な不受理決定を行っているに等しく、民間事業者への委託の範囲を超えている、③きわめて軽微な誤記等の補記訂正は区の権限と責任で行う、④請負契約をした民間事業者の労働者に市区町村職員が直接の指揮・命令をすれば労働関係法令に違反するので東京労働局に労働関係法令上の問題の有無の照会が必要である、という点でした。

　また東京労働局も現地調査を行った上で、あらためて改善指導をしました（東京労働局長、2014年7月15日付）。これは、あらかじめ判断基準書及び業務手順書で定められてない事項については、民間事業者から足立区に対してエスカレーションと称した行為により疑義照会することが定められており、足立区職員が民間事業者の業務に関与することが想定された内容になっており、事実上の指揮命令になっていること等から、労働者派遣法に違反する、というものでした。

　これを受けて法務省は、「戸籍事務を民間事業者に委託することが可能な業務の範囲について」（2015年3月31日付法務省民事局民事第一課補佐官名義事務連絡）を出しました。これは、①判断が必要となる業務は委託できない、②個人情報保護について十分な対策が必要、③委託には管轄法務局への相談や報告が必要、④市区町村職員の助言や指示は「偽装請負」になる、⑤入力業務を委託した場合でも自動審査機能の活用は職員が行なう、というものです。戸籍事務の民間委託に歯止めをかける内容となっています。すでに民間委託されている場合も、検討・準備段階の場合も、この通達に照らして点検し、問題点があれば改善や中止を求める必要があります。

　足立区はこうした改善指導や通達を受けて、戸籍事務の民間委託を大幅に修正し、区職員を窓口に配置し直す措置をとり、窓口業務の民

間委託は、実質的に破たんしたと言えます。また、足立区民 1000 名以上が原告となった住民訴訟は、結論において委託料の返還までは認めなかったものの、「本件委託契約において予定され、現に実施されていた参加人（民間事業者＝引用者注）から足立区に対して行うエスカレーション（疑義照会）は、参加人の責任者と足立区の間で行われているとはいえず、足立区の職員が参加人の従業員に対し、直接指揮監督を行っていたものと認められるところ、これを区分基準に照らしてみると、参加人は、業務の遂行に関する指示その他の管理を自ら行うものとはいえず、請負契約により請け負った業務を自己の業務として当該契約の相手方から独立して処理するものともいえないため、本件委託契約は、足立区が、厚生労働大臣から労働者派遣事業の許可を受けているとは認めない参加人から労働者派遣の役務の提供を受けることを内容とする労働者派遣法 24 条の 2 に違反する契約であったと認められる」とし、戸籍事務の民間委託契約が違法であるというはじめての判断を示しました（東京地裁 2019［平成 31］年 3 月 1 日判決）。

(5)　会計年度任用職員制度と包括外部委託の動き

　2017 年地方公務員法・地方自治法一部が改正されました（2020 年 4 月 1 日施行）。これまで地公法 3 条 3 項 3 号（特別職非常勤職員）、17 条（一般職非常勤職員）、22 条 2 項・5 項（臨時的任用職員）を適用してきた非常勤職員の多くは「会計年度任用職員」という名称で任用され、制度上は、期末手当が支給可能になり、フルタイム勤務なら退職手当等諸手当の支給や地方公務員共済、地方公務員災害補償制度が適用になります。ところが地方自治体によっては、これにより処遇改善をはかるのではなく、窓口業務などを包括外部委託しようとする動きがあります。

　しかし、もともと窓口業務で取り扱う事務は、市区町村長に権限と

職責のあるものですから、地方自治体と独立した民間事業者に包括的に委託しようとすればそれぞれの事務の根拠法（戸籍法、住民基本台帳法など）に抵触することになりますし、独立性を有さず市区町村職員の指揮命令下で事務を処理することにすれば、偽装請負となることが避けられません[*2]。こうした点はすでに、愛知県高浜市の「高浜市総合サービス株式会社」について指摘されていました[*3]。

2018年8月1日、静岡県島田市は「包括外部委託」の導入方針を決め、9月にすべての課に対して「作業内容整理表」により正規職員と嘱託員・臨時職員の業務仕分けを作成させ、10月から嘱託員・臨時職員に対する包括委託を前提とした説明会を実施するなど、異例の速さで導入の準備を進めました。これに対し、市の労働組合である島田市労連は、上部団体や弁護団による現地調査、臨時職員対象の説明会やアンケート、地域での学習会などに取り組みました。国会でも「島田市の対応は、会計年度任用職員制度による処遇改善の趣旨から外れる」との指摘に対し、総務省公務員部長は「単に勤務条件の確保等に伴う財政上の制約を理由として、会計年度任用職員への移行について抑制を図ることは、適正な任用・勤務条件の確保という改正法の趣旨には添わない」と答弁しました（2019年2月21日衆議院総務委員会）。こうした中で島田市議会の全員協議会でも、多くの議員から「当局の検討不足」「現場が混乱するのでは」などの反発が強くなり、3月15日、島田市議会の各常任委員会は、全会一致で2019年度一般会計当初予算案を否決することを決め、26日の最終本会議では包括委託の関連経費8000万円と、債務負担行為として設定された3年間の委託費約26億円を削除した修正案が可決しました[*4]。2008年に現島田市政が発足して以降、当初予算案が修正可決されたのは初めてのことです[*5]。

2 体育施設・都市公園

(1) スポーツの権利

住民が安い価格で安心して健康な心と体を維持することは、本来国民の権利であり、社会教育の一環として社会教育法にも明記されています。利用料金を負担できる能力の大小にかかわらず、国民すべての社会権としてスポーツが確立され、権利として実質的に平等に保障されなければなりません。公の体育施設は、耐震性の確認など利用者の安全を守る点で十分な性能を持つことが必要ですし、安全管理のための担い手としては、救急救命措置はもちろん、施設の構造や過去の事故例などについても十二分な研修を受けた者があたる必要があります。

(2) 進む民営化と体育施設の事故

多くの公立体育施設は、指定管理者の管理となっています。体育施設では、民営化に伴う事故が起きています。2005年7月1日にオープンした仙台市のPFI「スポパーク松森」では開業わずか1か月半後の8月16日の宮城沖地震の際に天井崩落事故が発生し、多くの負傷者がでました。2006年7月31日には、埼玉県ふじみ野市の市民プールで、小学校2年生の女児が吸水口に吸い込まれて死亡する事故が起きました。この流水プールでは吸水口の柵がはずれており、事故当日にプールで勤務していたアルバイト監視員は委託先会社の下請会社が雇用しており、監視員は事故の10分ほど前に柵が外れていることを利用者から伝えられていましたが、吸水口が危険だという教育を受けていませんでした*6。2007年8月23日には島根県出雲市西新町の健康増進施設「出雲ゆうプラザ」にある水上滑り台「ロデオマウンテン」の着水プールで、小学校2年生の男子が溺れて病院で死亡しましたが、指

定管理者「NPO 法人ヘルシーサポートいずも 21」が管理していました*7。

　文部科学省・国土交通省は 2007 年 3 月 29 日付で「プールの安全標準指針」を策定しました。これは、①指針の位置づけ及び適用範囲、②プールの安全利用のための施設基準、③事故を未然に防ぐ安全管理、という内容です。この中では「プールの設置管理者及びプール管理業務の受託者（請負者を含む）は、安全管理に携わる全ての従事者に対し、プールの構造設備及び維持管理、事故防止対策、事故発生等緊急時の措置と救護等に関し、就業前に十分な教育及び訓練を行うことが必要である」とされています。

(3)　都市公園

　都市公園についての議論がさかんに行われるようになってきています。もともと都市公園は、設置と管理に関する基準などが定められて、都市公園の健全な発達を図り、公共の福祉の増進がはかられてきました（都市公園法 1 条）。もともと都市公園の一定部分には、緑地や課題、噴水、休憩所、遊戯施設の他、売店、駐車場その他の便益施設の設置が可能でした。

　いま「公園 PFI」という、便益施設設置で収益を得て公園施設の整備・改修等を一体的に行う民間事業者を公募して、長期間管理させる制度が認められるようになりました。これにより都市公園に民間の投資を誘導しようとするもので、一方で民間事業者の収益に奉仕し、他方で公園管理者である地方自治体などは財政負担が軽減できるのではないか、というのです。

　しかし、都市公園法施行令（1 条の 2）によれば、住民一人当たりの都市公園の敷地面積の標準は 10m²、市街地では 5m² とされていますが、「都道府県別一人当たり都市公園等整備現況」によると、2016 年 3 月

31 日現在で、全国平均はかろうじて一人当たり 10.3m² ですが、東京特別区は一人当たり 3.0m²、大阪市は 3.6m² と、大都市部ではほとんど不足している状況です。民間事業者の収益のために都市公園の長期間の使用を認めれば、ただでさえ不足している都市公園面積が、さらに不足することになります。都市公園は、レクリエーションの場や心身のストレス解消、都市環境や都市景観の保全と災害時の防災拠点としての機能もあり、「公園 PFI」を拡大してよいかは、慎重な検討が必要でしょう。

(4) 都市公園を活用した保育所整備

保育所の待機児童対策として、都市公園を活用した保育所整備が、東京都荒川区汐入公園などで、国家戦略特区特例により先行して設置されてきました。都市公園法の改正により保育所などの社会福祉施設が設置される議論も広がっていますが、都市公園の重要な機能を考慮して、他の遊休地などが使用できず、都市公園を削るしか道がないのか、慎重な検討が必要です。

(5) 駅前の公共施設を公園に集約する計画に市民の批判の声

神奈川県相模原市は、淵野辺駅南口の周辺地域に設置されている公共施設を集約・複合化し、中央図書館を中心とした複合施設として、PFI 手法を念頭に鹿沼公園に建設する計画を立てました。しかし、この計画を批判する市民運動も立ち上がり、市が実施したパブリックコメントでは、914 件の意見の大半が計画の内容や市の進め方に対する反対意見で、相模原市は出された意見を参考にして修正を余儀なくされています。

このように、公園 PFI は、都市公園を他の目的に使用したり、民間事業者の収益のために長期間提供することになるので、住民参加で慎

重に議論することが必要です。

3　図書館

(1)　図書館の目的は教育と文化の発展

　図書館は、図書や記録などの資料を収集し、整理し、保存して、一般公衆の利用に供し、その教養、調査研究、レクリエーション等に資することを目的とする施設で、教育と文化の発展に寄与するためのものです（社会教育法、図書館法1、2条）。図書館の活動としては、図書館資料を収集し公衆の利用に供することとともに、図書館の職員が図書館資料について十分な知識を持ち、その利用のための相談に応ずるようにすることが求められます（図書館法3条）。

(2)　大切な職員の体制と研修

　「図書館の設置及び運営上の望ましい基準」（平成24年12月19日文部科学省告示第172号）は、市町村立図書館が専門的なサービスを実施するために必要な数の司書及び司書補を確保するよう、その積極的な採用及び処遇改善に努めること、職員に対する継続的・計画的な研修の実施等に努めることなどを定めています。

　ユネスコ「公共図書館宣言」（1994年11月採択）も、社会と個人の自由と繁栄は「十分に情報を得ている市民が、その民主的権利を行使し、社会において積極的な役割を果たす能力によって、はじめて達成される」とし、公共図書館の役割を明らかにし、いかなる年齢層の人々もその要求に応じた資料を見つけ出せること、蔵書およびサービスがいかなる商業的な圧力にも屈してはならないこと、原則として無料であること、図書館員は利用者と資料源との積極的な仲介者であり適切なサービスを確実に行うために図書館員の専門教育と継続教育は

欠くことができないこと、などを明らかにしています。

　このように公立図書館は、教育文化の発展の基盤となる施設であり、民主主義の根幹を支える住民の「学ぶ権利」（憲法13条・26条）や「知る権利」（憲法21条）を保障するための施設にふさわしい体制を整えることが義務づけられています。経費削減のために不安定雇用の労働者が十分な研修を受けないで図書館の業務に就くのでは、公立図書館の重大な責任を果たすことはできないし、人権上の問題も生じかねません。

(3)　進められてきた指定管理者制度

　2003年の公の施設の指定管理者制度の創設を契機として、文部科学省はそれまで公務員である図書館長が必須とされてきた見解をあらため、指定管理者制度の導入が進められました。

　「図書館における指定管理者制度の導入等について 2018年調査」Ⅰによると*[9]、都道府県立図書館で6府県、市区町村立図書館で257市区町村が導入もしくはその予定です。ただ、「検討の結果導入しないとしている」都府県が37都道府県あることが注目されます。依然として慎重であるところも多いと言えます。

(4)　図書館への指定管理者制度導入への根強い批判

　公立図書館の本来の役割から、指定管理者制度はなじまないとの見解も多数示されてきました。たとえば大阪・豊中市図書館協議会は「これからの豊中市立図書館の運営のあり方について」（2005年3月31日付）は公平性・継続性・安定性・公共性、ネットワーク、プライバシーなどの点から「当市の図書館運営への指定管理者制度の導入はなじまない」としていました。

　社団法人日本図書館協会も、2005年8月4日付の見解で「住民の視

点で考えると、図書館事業の有効な達成にとって、事業の継続性と発展性を確保することがとりわけ重要である」「図書館活動を発展的に重ねるノウハウを、サービスの現場で働く人、管理運営の組織の内に蓄積できることが重要」であるとし、「無料原則を図書館サービス充実の原理と考えれば、いわゆる『民間の活力』を経済的収益に活かすにも自ずと限度がある」ことから「公立図書館に指定管理者制度を適用することには制度的な矛盾がある」としていました。日本図書館協会のこのような見解は、「公立図書館の指定管理者制度について　2016」（2016 年 9 月 30 日）でも、「わが国の今後の公立図書館の健全な発達を図る観点から、公立図書館の目的、役割・機能の基本を踏まえ、指定管理者制度は図書館にはなじまないと考えます」としており、変わっていません。

（5）　図書館の企業委託

　2013 年佐賀県武雄市は、書籍等のレンタル・販売チェーン「TSUTAYA」のカルチュア・コンビニエンス・クラブ（以下 CCC）を図書館の指定管理者にしました。年中無休、9 時から 21 時の開館などと注目されましたが、多くの問題が指摘されています。「T カード」の貸出カード利用で、図書館利用の個人情報が営利企業に集積しています。コーヒーチェーン店「スターバックス」が出店し、無料の飲み水が提供されなくなる問題が指摘されました。2014 年 4 月のリニューアルオープンの際、本や、佐賀県の郷土文化資料など合計 8760 点を除籍・廃棄処分し、代わりに 10 年以上前の Excel 解説本や埼玉のラーメン店ガイドなど実用性の乏しい古書 1 万冊（約 1958 万円）を、CCC 傘下のネット書店から購入して、実質は CCC 側の在庫処分ではないかと批判されました。

　日本図書館協会、図書館問題研究会、日本文藝家協会、日本書籍出

版協会などから、疑問や懸念が表明されています。「図書館友の会全国連絡会」は、関係資料とともに問題を指摘しています*10。

(6) 直営に戻した図書館

公立図書館についての民間委託・指定管理者制度が問題であることは広く知られつつあり、判明しているだけで、すでに13県の14図書館が、直営に戻しています。新潟県＝南魚沼市図書館、十日町図書館。長野県＝飯島町図書館。愛知県＝新城図書館。兵庫県＝稲美町立図書館。島根県＝出雲市立大社図書館、出雲市立平田図書館、安来市立図書館。徳島県＝三好市井川図書館。香川県＝善通寺市立図書館。高知県＝佐川町立図書館。山口県＝下関市立中央図書館。福岡県＝小郡市立図書館。佐賀県＝佐賀市立図書館東与賀館。熊本県＝菊池市泗水図書館。鹿児島県＝西之表市立図書館です。

2010年に開館した下関市立中央図書館は、総額155億円、20年間のPFI事業で、運営は民間事業者を指定管理者に指定して運営（年間約4億円）を開始しました。そして20年にわたるこの事業は、建設も含めて運営してきました。しかし、2015年に直営に戻しています。契約期間終了時には、最大35名いた職員が館長以下27人となり、指定管理者導入の当初から残っていたのは10名のみで、短期間で入れ替わる状態でした。図書館として長年蓄積されてきた郷土の歴史や文化の資料などについての知識が断絶し、市民が相談してもなかなか対応できなくなっていったとの指摘もあります*11。

2019年度から直営に戻す方針を決めた茨城県守谷市は、民間企業に委託していては、経費削減を優先して専門知識をもつスタッフを十分に確保できず、良質なサービスを提供できないと判断しました*12。

(7)　住民投票で企業への委託をストップ

愛知県小牧市では、42億円かけて駅前に新図書館をつくり、TSUTAYAのCCCなどに運営を委託する計画でしたが、2015年10月4日、新図書館建設を巡る住民投票が行われ、賛成2万4981票に対し反対3万2352票となり、反対が賛成を上回りました（有権者11万6624人、投票率は50.38％）。条例で市長は住民投票の結果を尊重しなければならないとされており、市民の運動と住民投票によって図書館の企業委託にストップがかけられることになりました*13。

指定管理者制度への移行や企業委託の問題点は広く知られるようになっており、住民の学習と運動が動かす時代を迎えているといえます。

4　医療

(1)　医療は地方自治体の重要な事業

医療は、生存権を保障するためのものです（憲法25条）。生命の尊重と個人の尊厳の保持する、という理念にしたがって安心して医療を受けられる体制を整備して健康を保持することは、国と地方自治体の大切な責務です（医療法1条～1条の3）。公立病院に期待される主な機能は、①山間へき地・離島など民間医療機関の立地が困難な地域の医療、②救急・小児・周産期・災害・精神などの不採算・特殊部門に関わる医療、③がんセンター、循環器病センターなど民間医療機関では限界のある高度・先進医療、④研修の実施など医師派遣の拠点、などがあります。これらはいずれも、収益や採算性を考えれば取り組むことが難しいものばかりであり、それでも住民の健康と生命のために活動するところに、公立病院の存在意義があります。

医療はそもそも、採算性や営利目的とは異質なものですし、採算性の乏しい分野でも住民の健康と生命のために取り組むべき立場にある

公立病院は、よりいっそう、採算性や営利目的とは遠いものです。知事は営利を目的として病院を開設しようとする者に対しては、病院の開設許可を与えないことができる（医療法第7条第5項）とされていることも、こうした医療本来の理念に沿うものです。ところが、経営効率の向上や採算性が過度に強調され、公立病院の統廃合や民営化が進められてきました。

(2) 「公立病院改革ガイドライン」で統廃合や民営化の推進

　総務省は、すでに2007年12月に決めた「公立病院改革ガイドライン」で、地方自治体に2008年度中の改革プラン策定を促し、一般会計が負担する経費の範囲を限定して黒字化をはかり、病床利用率が3年連続して70%未満なら病床数削減などの抜本的見直しをする、経営効率化を3年以内に実現する、近隣病院との機能重複を避ける再編・ネットワーク化や地方独立行政法人化・民間譲渡などを検討して5年程度で実現する、などを推進してきました。しかし、交付税削減などで自治体財政が悪化し、国の政策による診療報酬引き下げで病院経営が悪化しているもとで、医師や看護師の過重勤務を解消できず、医師や看護師の退職で診療体制の縮小を余儀なくされるなど、地域医療の混乱がもたらされてきました。

　総務省はさらに、2015年3月「新公立病院改革ガイドライン」で、さらなる統廃合や民営化をあおっています。「引き続き、経営効率化、再編・ネットワーク化、経営形態の見直しとの視点に立った改革」が必要だとし、2020年までを対象期間として、①地域医療構想を踏まえた役割の明確化、②経営の効率化、③再編・ネットワーク化、④経営形態の見直し（地方公営企業法の全部適用、地方独立行政法人化、指定管理者制度の導入、民間譲渡、事業形態の見直し）などの計画を立てることを求めています。公立病院の役割を絞り、院所の統廃合や診

療科・ベッド数の削減、数値目標を設定した経費削減、複数の院所間の分業によるサービス削減、行政から独立した人事権等による経営合理化策の実行などを求めているもので、住民の地域医療の充実の願いに応えるものとはとうてい言えません。

(3) 「地域医療の確保と公立病院改革の推進に関する調査研究会」

　総務省は「地域医療の確保と公立病院改革の推進に関する調査研究会」を設置し、2017年12月に報告書を公表しました。公立病院の現状と経営状況の推移について、次のようにまとめています。①公立病院は2016年度873病院（うち地方独立行政法人88）、病床数は21万23床、2006年度との比較で病院数10.5％減、病床数10.2％減です。②経常損益は2008年の1829億円の赤字から2010〜2012年度にかけて黒字化しましたが、2013年以降はまた赤字で2016年度は831億円の赤字です。③病床規模でみて、400床以上の病院は2010〜2014年度まで黒字ですが、200床以上400床未満の病院、および過疎地に多い200床未満の病院は各年度とも赤字のまま推移しています。

　注目されるのは、「経営形態を見直した病院の経営上の効果の検証」として、「特に地方独立行政法人の経営状況について、他の経営形態に比べて経常収支比率が大きく低下傾向にある」と明記していることです。その要因は収入面では「経常収益に占める設立自治体からの運営費繰入金の割合が減少したことであった（この要因は他の経営形態との間で大きな差異となっている）」、費用面では「職員給与比率、材料比率が上昇したこと（この要因は他の経営形態との間で大きな差異はないこと）であったことが確認できた」としています。

　報告書は「提言」として、①職員の意識改革や事務局強化、②地域住民による経営の理解、③課題と対応策の自治体各部局や議会との共有、などに続けて、「公立病院に対する財政的・制度的支援」として、

地域医療確保のための意見として「公立病院が地域医療の確保のため果たすべき役割を踏まえ、地方公共団体において適切な繰出が確保されるよう留意すべき」「構造的にコストがかかる部分に対して公的支援がなされることにより、医療アクセスへの公平性が確保されることが必要」「不採算地区病院を抱える地方公共団体は地域医療を確保するため、多額の繰出を余儀なくされている実態があり、不採算地区医療への重点的な支援を含めてメリハリの効いた支援が必要ではないか」「へき地などの地域で地域に密着して地域の生活を支える公立病院については存続していけるような措置が必要ではないか」などの意見が紹介され、全国自治体病院協議会からの地方財政措置の充実を求める要望があったことも記載されています。「経営形態の見直し」については、「地域医療構想を踏まえ、将来における公立病院としての果たすべき役割を見据えた長期的な判断が必要となる」とし、期限を区切って計画を求める方針は後退しています。

　もともと地方独立行政法人制度は、地方自治体からの運営費交付金の削減を想定し、地方議会の審議を経ず理事会の決定により機動的に経営合理化策をとれる制度として総務省は推進してきました。しかし、医療に必要な医師看護師などの人件費も材料費もそれぞれの相場があり、たとえば人件費を引き下げれば人材が集まらなくなります。総務省の勧めにしたがって地方独立行政法人にして運営費繰入金を削減したら、その分だけ経常収支が悪化した、経営課題と対応策について各部局や地方議会との共有が必要だ、などの報告書の記載は、地方独立行政法人制度化を推進してきた方向性の破たんを認めたものと言えます。

(4)　地域医療を守るために

　過疎地などで小児救急などさまざまな公的責任を果たしてきた公立

病院が減少し、地域によっては高度医療や専門医療を受けられない事態が進行しています。救急患者について搬送先が見つからず手遅れになる事例が発生しており、地域の救急患者を受け入れる中核的存在の「二次救急病院」の2年間で174か所の減少など急減してきました[14]。

旧「公立病院改革ガイドライン」が打ち出される前後からすでに、公立病院の廃止や統合・縮小をめぐる施策に対しては、住民の命と健康を守る立場からの運動も起きました。千葉県内で県立病院を廃止し周辺の公立病院と統合する計画により、千葉県の国保成東病院で内科医の大半が辞職し、二次救急医療の輪番が担えなくなり、国保成東病院のある山武郡市の救急患者は、同県長生郡の七市町村で運営する茂原市の公立長生病院に搬送されるようになりました[15]。

「働き方改革」で医師の長時間労働の規制が先送りされ、かつ一般の労働者と異なる年間1860時間の時間外労働が容認されることが話題になっています[16]。すでに東京都立府中病院での部長医師の過労自殺などが起きています[17]。必要な予算を投入して公立病院の過酷な働き方を改善してこそ、医師の体制を充実することができます。

地方独立行政法人化した大阪府立病院は、短期間に収支を改善しましたが、非紹介患者の初診料を1701円から2625円に値上げ、セカンドオピニオン料を30分7400円から45分1万500円に値上げ、分娩料を9万3000円から15万円に値上げなど、住民の負担によるもので、公立病院のあり方として望ましいのか疑問です[18]。都立病院で唯一地方独立行政法人化された東京都健康長寿医療センターは、病床の25%で差額ベッド代の発生するようになり、10万円の入院保証金も徴収するなど、営利主義に踏み出しつつあります[19]。

それでも地方独立行政法人化を検討する地方自治体は続いています。埼玉県の「県立病院の在り方検討委員会」は、県立4病院の地方独立行政法人化を提言する報告書をまとめています[20]。宮城県登米市は病

院事業会計の累積赤字が、前年度より約6億円増えて157億円になり、病院事業の地方独立行政法人化も視野に入れ経営形態を見直す方針を示しています*21。

PFIを採用した高知県・高知市の高知医療センターは、経費削減の効果があがらず、贈収賄事件も発生し、短期間で契約解除となっています*22。PFIを採用した都立病院は、病院業務を下請けに発注し「官製ワーキングプア」を生み出しています*23。また、追加工事の費用が増大しています。

救急患者の搬送遅れを発生させないことは、国民の多くが望んでいます。しかし救急医療体制は、深夜にも体制を確保しなければならないなど、医療従事者への負担も大きい上、採算もとりにくく、十分な体制を確保するためには財政的裏付けが必要です。このような役割は、自治体病院など公立病院が中心的に担ってきたと言えます。ところが「公立病院改革ガイドライン」は、経営効率化をはかり自治体の財政負担を減らすことを急ぐために統合を進めるなど、救急医療体制など地域医療に大きな打撃を与えるおそれもあります。

医師について労働関係法令の求める労働時間が遵守されることを前提とし、それぞれの地域で高度医療・専門医療・救急医療が受診可能となるよう、国の診療報酬の改善と交付税削減の見直し、そして地方自治体の財政措置が求められます。

5　水道

(1)　くらしに不可欠な水と国・自治体の責任

水は、毎日の私たちの暮らしに必要不可欠なものです。飲料はもちろん、入浴や清掃洗濯など、健康で文化的な生活に欠かせないものとして、国と地方自治体の責任で供給されてきました。公衆衛生の向上

は国の責任とされています（憲法25条2項）。水道法は、水道の計画・整備・管理により、清浄で低廉な水を豊富に供給することで公衆衛生の向上と生活環境の改善とに寄与することが目的です（水道法1条）。地方自治体には、その地域の自然的・社会的な条件に応じて、水道の計画を立てて実施する責任があり、国には水源開発など水道の基本的・総合的な施策を作って推進し、地方自治体や水道事業者に対して必要な技術的・財政的な援助を行う責任があります（水道法2条の2）。

(2)　水道の民営化の動向

　経済界はかねて、水道事業で収益をあげることを求めてきました。そして法制上は、民間事業者が水道事業を担当することも可能な法制はすでに作られていますが、水道は依然として地方自治体が運営するところが大多数です。それは、命に直結する水は、技術的な規制も多く、コスト削減も収益確保も困難だからであり、また水道事業を担当した実績の乏しい民間事業者は、容易に水道事業者としての認可を受けることができなかったからです。

　「水道事業における民間的手法の導入に関する調査研究報告書」（日本水道協会）[24] によると、第三者委託が22団体、PFIが7団体、公の施設の指定管理者が3団体でした。また「公営企業の経営のあり方に関する研究会報告書」（総務省）[25] によると、公の施設の指定管理者として岐阜県高山市、広島県の㈱水みらい広島、包括的民間委託として福井県坂井市、石川県かほく市、宮城県山元町、PPP/PFIとして北海道夕張市、愛知県岡崎市、が「公営企業の抜本的な改革等に係る先進・優良事例集」にあげられています。

(3)　民営化・広域化を進める 2018 年水道法改正

　2018年水道法改正は、地方自治体が水道事業者として施設整備を

しながら、運営で収益をあげる部分を民間事業者にゆだねることを可能にするものです。従来からあった「PFI法」による「コンセッション」方式を、さらに使いやすくします。民間の「水道施設運営権者」が水道施設運営事業を実施する場合には、民間事業者は、水道事業経営の認可を受ける必要がなくなりますし、地方自治体は、水道事業休止の許可を受ける必要がなくなります（2018年改正水道法24条の4　1項、3項）。台風や地震などの災害で大規模修繕が必要になったときはすべて地方自治体が費用を負担し、日常の管理運営は民間企業が収益の対象とするのです。

　また2018年水道法改正では、都道府県が計画を立てて広域化を進める内容も盛り込まれています。経費削減と民間企業の収益のために広域化して設備を統廃合しようとするものです。

(4)　水道コンセッションの重大な問題

　水道へのコンセッション方式の導入は、運営による収益を民間事業者があげていきますが、災害などで大規模な修繕が必要になれば、地方自治体が費用を負担します。地方自治体が担当していれば、災害発生時の応急体制や他の自治体への応援体制がとられますが、営利目的の民間事業者には困難でしょう。民間事業者による水道施設の更新事業や事業運営のモニタリングは、地方自治体に技術を持った人材がいなければできませんし、外部委託すればそのコストもかかります。また、民間事業者は経費節減と収益拡大に努めるので、老朽管の更新や耐震化対策について経費を削減しがちとなり、料金値上げのおそれもあります。料金については地方自治体が判断する仕組みにしたとしても、民間事業者の利益や役員報酬や経費の詳細については情報公開されませんので、地方自治体は民間事業者に要求されれば値上げも了承せざるを得ないでしょう。水道コンセッションは、民間事業者の収益

本位の仕組みであり、住民の福祉や住民自治とはかけ離れた施策です。

　経済界は早くから水道の民間開放を要求し、麻生太郎副総理は2013年4月、米国のシンクタンクで「日本の水道はすべて民営化する」*26と発言するなど、政府は水道事業の民営化を推進してきました。

　ところが、先行して水道事業が民営化された海外では、さまざまな問題が起きています。フィリピン・マニラ市で水道料金が4〜5倍に跳ね上がり、ボリビア・コチャバンバ市では雨水まで有料化されて暴動が起きています。フランス・パリ市では、料金高騰に加え不透明な経営実態が問題となりました。世界の多くの地方自治体で、再公営化が相次いでいます。

　広域化も、地元の清浄な水源を犠牲にして遠方から導水するなど、不合理な計画の押し付けにつながるおそれがあります。

(5)　水道の民営化・広域化をめぐる各地の動き

　奈良市では、2016年に上下水道のコンセッション方式導入に向けて条例改正案を提出しましたが、市議会の3月定例会で否決されました。大阪市でも、2015年に続いて2016年にも条例の改正案を市議会にはかりましたが成立しませんでした。いずれも、収益改善の見通しが不透明であることなどが理由でした。埼玉県小鹿野町では広域化に踏み出しましたが地元の浄水場の廃止に反対する町議会決議が採択されています。

　浜松市では、下水道コンセッションが開始され、引き続き上水道も実施をめざす動きが進んでいます。すでに締結された「公共施設等運営権実施契約書」*27 をみると問題点がよくわかります。

　事業の質の担保の規定がありますが、施設を利用した収益事業等を行うことができるのでその影響がありますし、委託や下請けもでき、要求水準の変更や新施設の建設はすべて市の負担となります。リスク

分担は原則として運営権者とされますが、故意または重過失があるときは市に負担が生じ、重過失の有無をめぐる紛争が生じます。監督は運営権者による「セルフモニタリング」が原則で、市や第三者によるモニタリングは、長期的に水道事業が特定の運営権者に委ねられていれば、市や第三者にモニタリングできる能力や体制を残していくことは困難でしょう。議会と住民によるコントロールは困難になりますし、情報公開が保障されないので料金値上げなどの決定も運営権者の意向に沿って行われることになります。

　宮城県は、2019 年 12 月 17 日、上水道、下水道、工業用水の 3 事業を対象とするコンセッション方式を導入する条例改正案を賛成多数で可決しました。県は経費が節減できると説明しますが、根拠は乏しいものです。2022 年 4 月の導入をめざしていますが、住民の反対運動も高まっており、予断を許しません。

(6)　おわりに

　「コンセッション」は、地方自治体と市民にとってメリットは乏しいものです。2018 年改正水道法のもとでも、官民連携のあり方も、広域化のあり方も、決めるのは地方自治体です。地方自治体として、地方議会での議論や住民の参加した議論をつくし、湧水や井戸、渓流や地域の人口、産業、交通など、「地域の自然的・社会的条件に応じた」もっともふさわしい水道の計画を立てることが重要です。

　「水は人権」の視点で、地方自治体としての公衆衛生の維持・向上の責任を自覚し、必要な人員の採用もして、公共部門としての知識経験技術を維持・継承していくことがどうしても必要です。

　国の支援は、PFI・コンセッションの採用に踏み切ることへの報償とすべきものではなく、あくまでも公衆衛生の向上への国としての責任を果たすために、地方自治体ごとの「地域の自然的・社会的条件に

応じた計画」を、技術面でも財政面でも支えるべきです。国の支援については、地方自治体が連携して求めていく必要があります。

　ひとたびコンセッションに踏み切れば、20年にわたり、情報公開もされず、民間事業者が巨額の利益をあげても、住民に還元される保障はありません。民営化・広域化の問題を契機として、住民の取組が求められます。

6　保育

(1)　保育は国と地方自治体の責任

　国民は児童が心身ともに健やかに生まれかつ育成されるよう努めなければならず、国と地方自治体は、児童の保護者とともに、児童を心身ともに健やかに育成する責任を負います（児童福祉法1〜2条）。保育所は、保護者の委託を受けて、保育に欠ける乳幼児を保育する施設です。

　最近の統計によれば、保育所利用定員は289万人で前年比8万8000人の増加、保育所等を利用する児童の数は268万人で前年比6万5000人の増加、待機児童数は1万6772人で前年比3123人の減少、待機児童のいる市区町村は7増加して442市区町村、待機児童が100人以上の市区町村は8減少して40市区町村、待機児童が100人以上増加したのは、那覇市（112人増）1市、待機児童が100人以上減少したのは、江戸川区（270人減）、目黒区（251人減）、市川市（247人減）などの13市区です。ただし、2015年4月施行の子育て支援新制度において新たに位置づけられた幼保連携型認定こども園等の特定教育・保育施設と特定地域型保育事業を含むものです[28]。

(2) 公的保育と市場化の政策

　従来の公的保育には、①措置制度や公法上の契約、②国庫の負担金、③保育料は地方自治体が決定・徴収し応能負担とする、④保育と施設の最低基準を定める、という特徴がありました。これにより一定の質の保育を、国も費用負担しつつ地方自治体が実施し、経済的に弱い立場の利用者の費用負担は抑制されてきました。

　1997年の児童福祉法改正で、「措置制度」の範囲内とはいえ、利用者の申請と選択の権利を明確にし「利用契約制度」に踏み出し（第24条）、保育の市場化・民間営利企業への開放に道を開きました。そして経済界の求めで2000年以降厚生省（当時）が通達によって企業参入の条件整備を進め、①定員の弾力化・給食調理の外部委託の容認・運営主体として社会福祉法人以外にNPOや株式会社学校法人の容認、②施設の自己所有の原則を緩和し賃借の許容、③運営費の運用の弾力化（人件費、管理費、事業費の費目間の流用）の容認、④2004年には保育所運営費の一般財源化などが進められてきました。

　2006年、いわゆる認定子ども園法（「就学前の子どもに関する教育、保育等の総合的な提供の推進に関する法律」）で、教育・保育を一体的に提供し、地域における子育て支援を実施する幼稚園や保育所が「認定こども園」として都道府県によって認定されるようになりました。幼保連携型・幼稚園型・保育所型・地方裁量型の4種が想定されています。保育所の入所資格である「保育に欠ける子」かを、問わないものですが、公的保育の質が担保されているとは限らず、待機児童減少のために安く多様されるおそれがあります。統計上保育所と合計することにも問題があります。

　2013年施行の子ども・子育て支援新制度は、認定こども園・幼稚園・保育所を通じた共通の給付（「施設型給付」）や小規模保育等への給付（「地域型保育給付」）をするというものですが、都市部における待

機児童解消策を打ち出そうとするとともに、消費税率の引き上げを財源としてことさらに強調してこれを容認させようとするものです。また制度ごとにバラバラな政府の推進体制を整備して内閣府に子ども・子育て本部を設置したとされますが、従前の厚生労働省の政策の積み重ねが尊重されるか疑問です。

　結局、保育をめぐる政策は、公的保育として築かれた質を維持しつつ待機児童など必要に応じて予算を投じるという方向ではなく、企業参入を推進していく方向性で、規制緩和をして質を低下させたり、幼児教育との区別をつけないで一定額の財政支援をしたり、内閣府に厚生労働省と別の担当者を置いて部分的な支援策を担当させたりしており、問題が多いものとなっています。

(3)　民営化・市場化のひずみ

　企業参入のはじまった当初から、市場化のひずみは多数指摘されてきました。

　2001年4月、東京都三鷹市は公立保育所を民間企業ベネッセコーポレーションに委託しましたが、年間運営費の見積もりは直営のとき（約1億7200万円）の半分（約8400万円）で、保育スタッフは1年契約の契約社員と短時間パートでした。

　神戸市の保育サービス会社「ウィシュ神戸」が運営する認可保育園「すくすく保育園」は、運営難を理由に2005年度末の廃園を市に届け出ました。兵庫県内初の企業経営の認可保育園でしたが、補助金を高級外車等目的外に流用するなど、年間約900万円の家賃負担や流用補助金の補填などで資金繰りが難航し、収益が見込めないと判断したとのことです。約50名の園児がおり、東灘区は待機児童数が市内でもっとも多い148人で、園児の行き先が問題となりました[*29]。保育士に対する不当労働行為は不法行為であるとの判決も下されています（「労働

判例」906 号、2006 年）。

　大阪・大東市で公立保育所の民間委託により半年で全保育士が入れ替わることについて、行政には小学校入学まで保育すると約束した義務があるとして保護者が大東市を被告として訴えた事件について、行政の責任を認め、一世帯あたり 30 万円の慰謝料と弁護士費用 3 万円を認める判決が下されました（大阪高裁平成 18 年 4 月 20 日判決）。児童福祉法 24 条による保護者の保育所を選択する権利と保育所の廃止についての行政の裁量権を前提としつつ、公法上の契約の債務不履行を認定し、「児童の発達における人的環境の影響には大きいものがあり、児童の保育に当たっては、保育士と児童及び保護者との信頼関係が重要であるところ、3 か月間の引継ぎ期間で数名の保育士が参加しただけでは、上記のような信頼関係を構築することは難しい」とした上で、大東市は保育士の総入れ替えを伴う本件保育園の廃止・民営化には「児童が心理的に不安定になることを防止する」義務、保護者らの懸念や不安を少しでも軽減するために「引継ぎ期間をすくなくとも 1 年程度設定」するなどの配慮をすべき義務を負っていたとし、保護者への損害賠償を命じました。この判決は最高裁でも維持され確定しています（最高裁平成 19 年 11 月 15 日判決）。

　東京都練馬区では、区立保育園を株式会社である「ピジョン」に民間委託したところ、わずか 3 か月で園長と保育士 8 人が退職してしまいました。転園希望が 2005 年 12 月から半年で 10 件近く出ており[30]、保育士が契約期間内に多数退職することに関し、異例の「改善勧告」が区長名で出されています[31]。

　これに対し東京都文京区では、新設公立保育園を営利法人に委託し、「新行財政改革基本計画」で既設園 2 園の民営化を打ち出すなどしていましたが、保護者と組合の公的保育を守る運動の中で、2007 年 3 月の文京区「保育ビジョン」において、「現在 17 園ある公設園については、

『公設公営保育園』としてより一層大事に維持していく」と明記され、改定された「新行財政改革基本計画」からも公立保育園民営化計画が削除されました。これは、公立保育園の民営化を行わない方針を打ち立てたもので、大きな意義があります。

(4) 事故や定員割れから考える保育の質

　内閣府子ども・子育て本部「平成 29 年教育・保育施設等における事故報告集計の公表及び事故防止対策について」（2018 年 5 月 28 日）は、教育・保育施設等で発生した死亡事故や重篤な事故について 1242 件の報告（死亡の報告 8 件）をまとめています。「認可外保育施設での死亡事故が多く、特に午睡中の死亡事故が多い」などとされています。認可基準は、子どもの成長と安全を考慮したものですので、基準を緩和して定員増をはかるのではなく、基準をまもりつつ予算を投じて定員増をはかるべきです。

　最近の「幼保無償化」の動きの中では、3〜5 歳までの子どもの幼稚園・保育所・認定こども園などの利用料が無償化されると説明されます。しかしここでも消費税率引上げ時の 2019 年 10 月 1 日からの実施で、消費税増税を強調しこれを受け入れさせようとするものになっていました。内容としても、実費として徴収されている費用（送迎費、食材料費、行事費等）は無償にならず、恩恵もわずかです。基準を満たさない施設にも拡大すれば、基準を満たさない施設をかえって固定化し、子どもが危険にさらされるとの批判もあります*32。

　政府が整備を進める「企業主導型保育所」は、企業が主に従業員向けに設ける保育所で、2016 年度に制度を創設し、2018 年 3 月末現在全国に 2597 か所ある認可外保育所で、手厚い助成金がありますが、すでに東京都内で 2 か所、横浜市で 1 か所、大阪市で 2 か所、長崎市で 1 か所が、経営難などのために開設から短期間で閉鎖したり、事業撤退

がでています。多額の助成金をあてにしたずさんな経営が問題とされています[33]。2019年4月23日、会計検査院は、企業主導型保育施設における利用状況を調査し、利用定員が保育需要等を踏まえて適切に設定されているか、助成の申込時に設定した開設予定時期や設備基準はまもられているかを検査し、内閣総理大臣に対し、会計検査院法第36条の規定により改善の処置を要求しました（「企業主導型保育施設の整備における利用定員の設定等について」）。これによると、①企業主導型保育施設の利用は、平均定員充足率50％未満で1年以上にわたり利用が低調な状況となっていたと認められる施設が、67事業主体の72施設（整備費計44億1167万余円、助成金交付額計31億6880万余円）におよぶなどとしています。これは、計画の問題であるとともに、企業主導型保育施設の質が大切な子どもを預けるのにふさわしいものになっているかが問われる事態だと思われます。

　保育は、子どもの生命・身体の安全を確保し、それぞれの子の個性を尊重しつつ全面的発達を保障するものです。そのためには専門性と経験を持つ保育士を確保し、子どもと保護者と保育者と行政との協力・信頼関係を確立する必要があります。数年単位の競争入札による事業者の変更や、経費削減のために不安定雇用の保育士を中心とする運営は、本質的に問題です。

注

1　総務省「『市場化テスト』の手引き」2015年3月。

2　以上につき自治体の偽装請負研究会編『自治体の偽装請負』自治体研究社、2011年。

3　渥美雅康「高浜市総合サービス株式会社とその問題点」『季刊自治と分権』27号、2007年4月。

4　「業務の包括委託計画が頓挫　全会一致で関連予算案を否決」『連合通信』No.9413、2019年3月28日付。

5　「『包括業務委託』削除し予算案可決　島田市議会」『中日新聞』静岡版、2019 年 3 月 27 日付。

6　『朝日新聞』2006 年 8 月 1 日〜3 日付。

7　『産経新聞』2007 年 8 月 24 日付。

8　『神奈川新聞』2018 年 5 月 30 日付。

9　日本図書館協会図書館政策企画委員会、2019 年 2 月 12 日。

10　図書館友の会全国連絡会 http://totomoren.net/blog/?p=780

11　「図書館の役割否定　直営にもどした下関の教訓」『長周新聞』2016 年 2 月 12 日、https://www.chosyu-journal.jp/shakai/3204。

12　『毎日新聞』茨城版、2018 年 5 月 11 日付。

13　「愛知・小牧市 TSUTAYA 図書館に『ノー』3 万票」『日経電子版』2015 年 10 月 9 日付。

14　『朝日新聞』2008 年 1 月 14 日付。

15　『東京新聞』2006 年 3 月 8 日付。

16　植山直人・佐々木司著『安全な医療のための「働き方改革」』岩波ブックレット、2019 年。

17　『朝日新聞』2004 年 12 月 30 日付。

18　金川佳弘・山本裕・藤田和恵著『地域医療再生と自治体病院─公立病院改革を検証する─』自治体研究社、2010 年。

19　「都立病院の充実を求める連絡会」https://toritu-mamoru.com

20　『東京新聞』埼玉版、2018 年 11 月 14 日付。

21　『河北新報』2019 年 1 月 31 日付。

22　尾林芳匡・入谷貴夫編著『PFI 神話の崩壊』自治体研究社、2009 年。

23　前掲『地域医療再生と自治体病院』。

24　http://www.jwwa.or.jp/houkokusyo/houkokusyo_04.html

25　http://www.soumu.go.jp/menu_news/s-news/01zaisei06_02000163.html

26　https://www.youtube.com/watch?v=Qo9mq9PVae0

27　https://www.city.hamamatsu.shizuoka.jp/suidow-s/gesui/seien/documents

28　厚生労働省「保育所等関連状況取りまとめ（2019 年 4 月 1 日現在）」2019 年 9 月 6 日。

29　『神戸新聞』2005 年 10 月 24 日付夕刊。

30　『毎日新聞』2006 年 6 月 1 日付。

31 2006 年 3 月 17 日付 17 練児保第 2562 号。

32 「幼保無償化　対象拡大に懸念」『朝日新聞』2019 年 3 月 30 日付。

33 「企業型保育所の閉鎖相次ぐ　ずさん経営、支給遅れ影響も」『東京新聞』2018 年 10 月 14 日付。

[著者紹介]

尾林芳匡（おばやし・よしまさ）
八王子合同法律事務所弁護士
1961年生まれ、1990年より弁護士。
自治体の民営化、アウトソーシング関連著作多数。

主な著書

『イギリスの市場化テストと日本の行政』（共著）、自治体研究
　社、2006年
『Q&A市場化テスト法─仕組みと論点─』（共編著）、自治体研究社、2006年
『自治体民営化と公共サービスの質』自治体研究社、2006年
『新　自治体民営化と公共サービスの質』自治体研究社、2008年
『PFI神話の崩壊』（共編著）、自治体研究社、2009年
『自治体の偽装請負』（共編著）、自治体研究社、2011年
『これでいいのか自治体アウトソーシング』（共編著）、自治体研究社、2014年
『TPP・FTAと公共政策の変質─問われる国民主権、地方自治、公共サービス─』
　（共著）、自治体研究社、2017年
『水道の民営化・広域化を考える［改訂版］』（共編著）、自治体研究社、2019年

自治体民営化のゆくえ
──公共サービスの変質と再生

2020年1月31日　　初版第1刷発行

　　　　著　者　尾林芳匡

　　　　発行者　長平　弘

　　　　発行所　㈱自治体研究社
　　　　　　　　〒162-8512 東京都新宿区矢来町123 矢来ビル4F
　　　　　　　　TEL：03·3235·5941／FAX：03·3235·5933
　　　　　　　　http://www.jichiken.jp/
　　　　　　　　E-Mail：info@jichiken.jp

ISBN978-4-88037-707-0 C0031 　　　印刷・製本／中央精版印刷株式会社
　　　　　　　　　　　　　　　　　　　　　　　DTP／赤塚　修